JN032494

サクッとわかる
マーケティング

ビジネス教養

阿久津聡 監修
一橋大学大学院経営管理研究科教授
日本マーケティング学会副会長

新星出版社

はじめに

introduction

マーケティングの世界へようこそ 考え方を学び、日々実践して「ビジネス力」をアップ！

ビジネスに関わる人であれば、必ずどこかで耳にするだろう「マーケティング」という言葉。でも、その内容を具体的に知っていて、日々の仕事で実践できている人は、どれだけいるのでしょうか。私は企業の経営者や管理職の方々から、「マーケティングについて知らない社員が多くて困っている」という相談を受けることがよくあります。

たしかに、本格的に勉強を始めたらマーケティングは奥の深い分野です。ビジネス誌で話題になっている最先端のマーケティング手法などは、何やらとても複雑に見えるかもしれません。実際に使いこなすには高度な知識を要する手法もあります。だからこそ、まずはシンプルに考えてみましょう。相手がほしいものを提供して、こちらがほしいものを得る。そうしたＷｉｎＷｉｎの関係を成り立たせることが、マーケティングの本質です。顧客の視点を意識し、自社の商品が売れる仕組みをつくる。まさに商売の基本中の基本といえるものです。一方で、ビジネスを巡る環境は日々変化しており、その目線は企業のあり方にまで向けられています。皆さんは「消費アクティビズム」という言葉をご存じでしょうか。今や「買い物」は消費者の意思表明をする投票のような側面を持っています。単に消費するのではなく、企業の姿勢に共鳴し、購入することで社会課題の解決に貢献したいと考えている人が増えている。そうした現象を指す言葉です。企業として「私たちのビジネスは皆さんにとっても、地球にとっても良いものですよ」とアピールするためにも、世の中の動きを察知し、それに合う商品を提供していくマーケティング活動はますます重要になっていきます。

より良い世界を目指す人々＝マーケターの後押しとなるべく、本書はまず基礎となる考え方、フレームワークをもとに、より実践的な内容までを学べるように構成されています。まずはイラストだけでもざっと目を通し、自分の業務で実際に困ったことが出てきたら、応用できそうな部分を参照していただくのもおすすめです。どんな業界でも使えるようなエッセンスを詰め込んだので、画一的な正解のないマーケティングの世界で、自分に合った使い方をしていただければ幸いです。

本書を通じて身につけたマーケターとしての視点や思考法が、皆さんのビジネスを成長させるヒントにつながることを願っています。

阿久津 聡

サクッとわかるビジネス教養　マーケティング

目次　CONTENTS

はじめに …… 2
マーケティングの本質は「WinWin」の関係をつくること …… 8
マーケティングは時代と共に進化する! …… 10
マーケティングで挫折しやすい4つの壁を越える …… 12

第1章 まずはこれだけ押さえよう! マーケターの視点・キホンのキ

マーケティングの舞台となる市場 その登場人物を紹介! …… 16
1 すべては市場にあり …… 18
2 視点を切り替えるスイッチを持つ …… 20
3 まずは売り手である自分自身=自社を知る …… 22
4 相手=顧客を知る …… 24
5 競合=ライバルを知る …… 26
6 売り手の視点からモノを見る …… 28
7 買い手の立場に立って考える …… 32
8 市場は変化する …… 36
Column1 マーケティングの偉人と理論をサクッとおさらい ~前編~ …… 38

第2章

日々の実践で心がけたい　マーケティングの定石

マーケティングの流れとは……44
日常にあるマーケティング……46
定石1 自社を内側と外側から見つめ直すSWOT分析……48
もっと深掘り！ ▼クロスSWOT分析とは何か……53
定石2 自社・顧客・競合の理解が戦略のベースになる……54
定石3 STPからビジネスの対象を絞り込む……58
定石4 リサーチ結果にもとづいて意思決定する……62
もっと深掘り！ ▼〇〇で失敗したあの企業 ～リサーチ編～……66
定石5 AIDMAの法則で買い手の行動を見る……68
もっと深掘り！ ▼買い手の行動を売り手が設計してみる……72
定石6 4Pの一貫性が商品づくりのカギになる……74
定石7 顧客目線に沿って商品を精査する……78
もっと深掘り！ ▼買い手が本当に求めているものは何？……82
もっと深掘り！ ▼〇〇で成功したあの企業 ～マズローの法則編～……84
定石8 マーケティングは事例とデータが必要不可欠！……86
もっと深掘り！ ▼仮説思考で戦略的なマーケティングを……90
もっと深掘り！ ▼3Cが変われば4P／4Cも変化する！……92
Column2 マーケティングの偉人と理論をサクッとおさらい ～後編～……94

第3章

先達に学べ！　日本の有名マーケティング戦略7選

マーケティングとは「実践」の学問である …… 100

Case study 1 自社の特徴を最大限生かす経営コンセプト …… 102

Case study 2 徹底した「ユニークさ」で競合の追随を許さない …… 106

Case study 3 メルカリ大躍進の裏側にある物流管理 …… 110

Case study 4 一大ブームの失敗経験からロングセラーになった「たまごっち」 …… 114

Case study 5 粘り強いリサーチから生まれた「働く人の相棒」BOSS …… 118

Case study 6 自社ならではの戦い方で大手企業と並び立つ！ …… 122

Case study 7 QBハウスは豊かな「青い海」を目指した！ …… 126

Column3 「三方よし」は日本古来のマーケティング …… 130

Column4 マーケティングの基礎分野と隣接分野 …… 132

第4章

時代の変化に適応する　最先端のマーケティングを学ぶ

現代マーケティングの2つのキーワード　ブランドとデジタル …… 136

1 現代市場では「存在意義」が必要 …… 138

STAFF

デザイン ／ 鈴木大輔・仲條世菜（ソウルデザイン）　イラスト ／ フクハラミワ
DTP ／ 高八重子　企画 ／ 千葉慶博（KWC）
編集 ／ 原澤大樹・高橋尚子・高木優里香（KWC）
編集協力 ／ 合同会社ジョアパルフェ

もっと深掘り！▼SDGsへの取り組みが企業の価値を高めた …… 142
2 ブランドの基本は「識別される」こと …… 144
3 ブランディングの要は統合的なコミュニケーション …… 148
4 誰もがつながる社会のマーケティング …… 152
5 従来のマーケティングと徹底比較 …… 156
6 PDCAを深化させるデジタルマーケティング …… 160
7 ブランドの発信にデジタルを活用する …… 164
8 情報拡散のメリットとリスクとは …… 168
Case study 強烈なインパクトで日本中をマッチョだらけに!? …… 172
Case study コンテンツ連動×SNSの力で一大観光地に …… 176
Column5 もう実現しているものも？ 究極のマーケティングとは …… 180
おわりに …… 184
用語集 …… 186

グの本質は

価値を交換

関係をつくること

マーケティン

「マーケティングとは何か」を考えることは、「企業とは何か」「商売とは何か」を考えることだといえます。商売（ビジネス）とはつまり、自分が提供できる価値をもとに、求めるリターンを得ることにほかなりません。その際、自分の都合ばかりを押し付けるのではなく、相手がほしいものを用意し、両者の納得がいく形で交換が成立すれば、お互いに得をする「ＷｉｎＷｉｎ」の関係を築くことができます。現代ビジネスが複雑化しているこそ、この本質を忘れてはいけません。

「WinWin」の

コトラーのマーケティング論

Philip Kotler

マーケティング1.0

製品中心

1900 ～ 1960年頃までの、モノをたくさん作って安く売ることが重要だった時代の考え方。いかに商品を効率良く生産し顧客に届けるか、その戦略を立てるために4Pのフレームワークが誕生しました。

マーケティング2.0

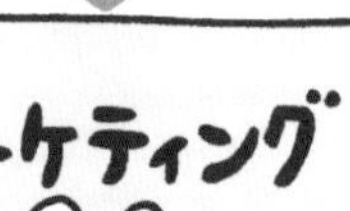

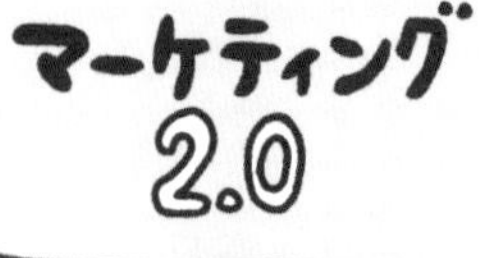

顧客志向

1970年代に入ると、選択肢の充実とともに買い手の立場が強くなり、買い手のニーズに沿わなければ、商品が売れない時代に。ニーズをより詳細に捉えるためのSTPや4Cの考え方が普及しました。

マーケティングは時代と共に進化する！

マーケティング3.0

価値主導

1990年代以降、インターネットやソーシャルメディアの普及、社会問題の顕在化とともに、ただ商品を売るだけでなく、社会に対してどのようなプラスの影響（価値）を与えるのかが問われるように。

自己実現

2010年代に入ると、価値の中心は「自己実現」に移行。買い手自身の情報発信も一般的になり、商品購入後にいかに「理想の自分」を実現するか、そのプロセスを設計することが求められています。

顧客体験価値

そして現在、テクノロジーの進歩とともに、顧客体験価値（UX）を高めることが目的となっています。ビッグデータやAIなどの技術と人間の視点を組み合わせて新しい商品（価値）を生み出します。

and go on…

マーケティングの概念は、時代とともに変化してきました。マーケティング理論の第一人者であるフィリップ・コトラー（↓P39）は、市場のトレンドに名前をつけ、時代ごとに更新しています。

マーケティングはそもそも、商品の売り手側の論理から始まり（1.0）、徐々に買い手の視点に目を向け、進化してきました（2.0）。さらにソーシャルメディアの登場とともに企業の役割は拡大し、「世界をより良い場所にすること」が重要になり（3.0）、近年では「自己実現」（4.0）やデジタル化を通した「顧客体験価値」（5.0）が注目されています。

マーケティングで挫折しやすい4つの壁を越える

2章

マーケティングの定石

マーケティングを実践する際のプロセスに沿って、「SWOT分析」や「STP」といった理論・戦術・ツールの使用方法など、定石となるアイデアを紹介。

1章

マーケターの視点・キホンのキ

マーケティングでもっとも基本となる「市場」や、その登場人物を分析する「3C」、商品戦略の要である「4P/4C」のフレームワークを解説。

4章

最先端のマーケティングを学ぶ

現代のマーケティング戦略にとって必要不可欠な「ブランド」と「デジタル」。市場の最先端に対応するための活用法について考えます。

3章

日本の有名マーケティング戦略7選

日本を代表する企業は、どのようなマーケティング戦略のもとで事業の成功を収めたのか。ポイントとなるキーワードやその特徴を分析します。

まずはこれだけ押さえよう!

マーケターの視点・キホンのキ

マーケターへの第一歩を踏み出すためのカギは、
市場を見る「視点」の切り替えにあります。
売り手と買い手、それぞれの視点から
市場の動きや流れを見ていきましょう。

この章でわかること

すべてのものは“市場（しじょう）”にあり

視点を切り替えるスイッチを持つべし

顧客を知り、競合を知り、
製品を知れば、より良い
マーケティングへの道が開く

マーケティングの舞台となる市場

マーケティングが行われているのは、私たちが実際に製品やサービスを売買している「市場」です。

近年のマーケティング論では、市場で売買される製品やサービスをまとめて「商品」という言い方をするのが主流で、本書でも基本的にそれに従います。市場には、企業を始めとする「売り手」がいる一方、売り手の商品を購入する「買い手」がいます。買い手は「顧客」と呼ばれることもあれば、それが一般の生活者の場合は「消費者」と呼ばれるこ

その登場人物を紹介！

ともあります。複数の売り手が互いに競い合うライバル関係にあるなら、それらは「競合」と呼ばれます。売り手と買い手が商品の売買を通じて「価値」を交換することで、商売＝ビジネスが成り立つのです。

　また、両者は常に固定されているものではなく、特に企業同士（B to B）、個人同士（C to C）の取引では、立場がめまぐるしく移り変わります。マーケティングとは、こうした変化する市場の中で、より良いビジネスを目指すためのものです。

マーケターの視点・基本のキ

1

すべては市場（しじょう）にあり

市場① ニーズと商品

同じコーヒーでも市場が異なれば売り方も変わる

マーケティングでの市場の定義は「顧客が存在する空間」。リアル・オンラインを含めて「価値」が取り引きされる場全体を指します。市場を知る＝マーケティングといっても良いほど重要な概念ですが、現代の市場は非常に多様化しています。

例えば、コーヒーの市場といっても、その背

Keyword

【市場（しじょう）】

マーケティングでの市場とは「買い手がいる抽象的な空間」を指します。そこには潜在的な買い手も含まれます。

景には買い手のさまざまな要望（「ニーズ」ともいいます）が存在します。買い手は自分のニーズを満たしてくれる売り手の商品を選ぶでしょう。それによって、コーヒーの市場は異なる小さな市場から成り立っていると捉えることができます。**自社の商品がどの買い手のどのニーズに向けたものなのか、それがマーケティングの大きな指針になるのです。**

2

視点を切り替えるスイッチを持つ

3C① 3Cの基本

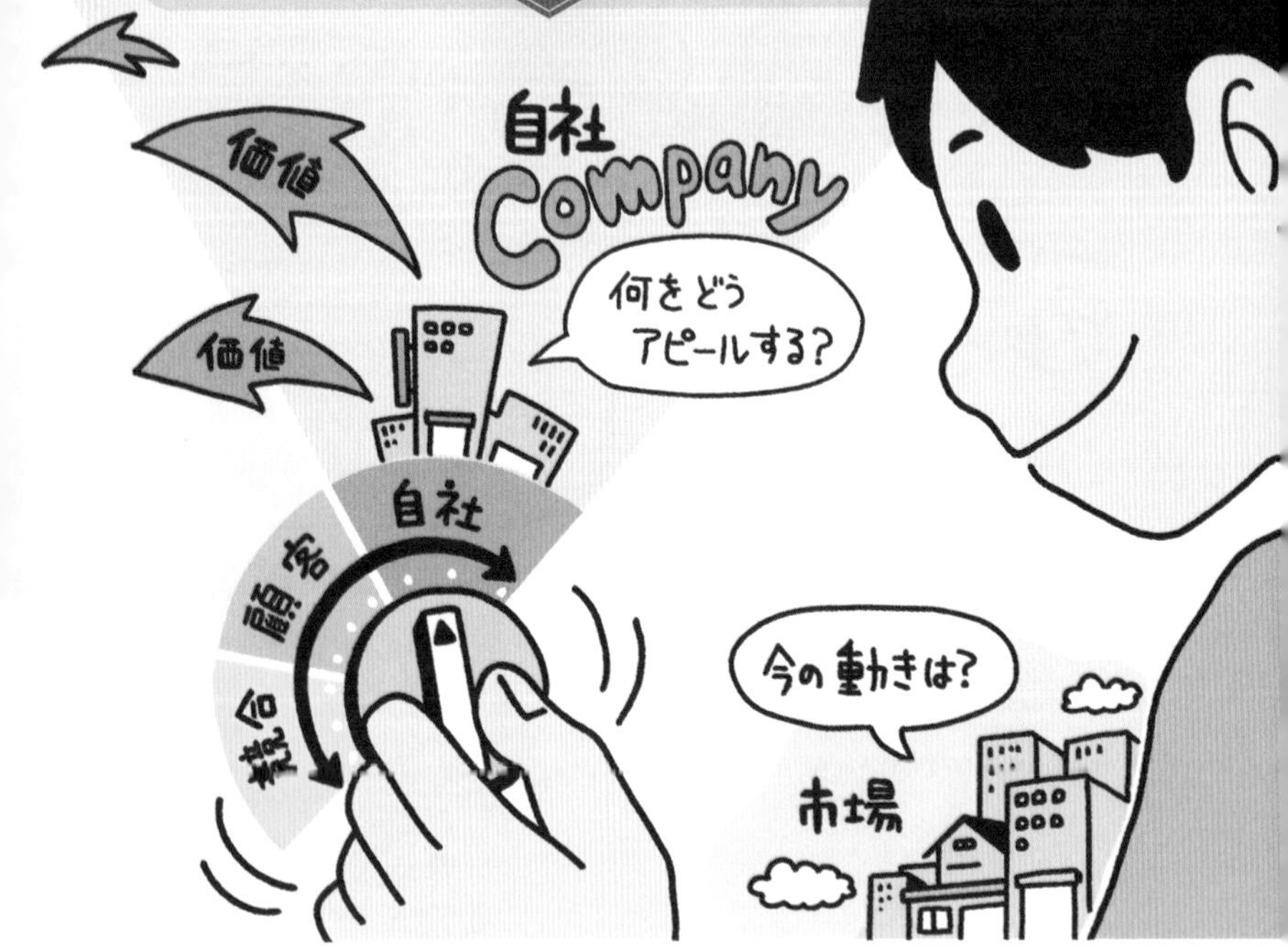

3つの視点を切り替えながら戦略を考える

売り手の目的は、自分の商品を買い手に購入・使用してもらうことにあります。マーケティングとは、その目標を実現し、売る側と買う側、双方にメリットを生むためのもの。そこで大切になるのは、「自分の中に複数の視点を持つ」ことです。

特にマーケティングを考える上で要となる

Keyword

【 3C分析 】

自社（Company）、顧客（Customer）、競合（Competitor）という市場を構成する3つの「C」から、事業成功のための戦略を分析する手法。

3つの構成要素は、それぞれの頭文字から「3C」と呼ばれています。売り手であり、マーケティングを立案する立場にある自社と買い手となる顧客、そして同じ市場内でライバル関係にある競合、それぞれの視点に立って状況を分析することで、より良い商品を生み出せるのです。まずはこの3つのCをもとに、事業成功のカギを見つけていきましょう。

マーケターの視点・基本のキ

3

まずは売り手である自分自身＝自社を知る

3C② 自社（Company）

自社のコーヒーの魅力が原料などへのこだわりにあるのか、価格を含めた手軽さにあるのか、指針を決めることが重要です。

What＝何を売るかを再確認する

3Cの最初は自社です。自社がどんな商品を提供しようとしているかを正しく認識できていなければ、そこから立案するマーケティング施策も誤った方向に進んでしまいます。プロモーションの手法や提供できるベネフィット（左ページ参照）を含め、打ち出すイメージを整理しましょう。

マーケターの視点・もっと深く

売り方のカギ

How＝どう売るかにはさまざまな手法があり、マーケティング戦略の中で、最適なかたちに組み合わせながら取り入れていきます

買いたくなる心理 プロモーションとは

自社商品の存在を顧客に知ってもらい、好感とともに最終的に購買（と使用）につなげる一連の活動をプロモーションといいます。「広告宣伝、広報PR、人的販売、セールス・プロモーション※（SP）」などの手法をもとに、それらを最適にミックスして顧客とのコミュニケーションを図っていきます。

ベネフィットの例

- 機能的ベネフィット
  …早い、使いやすい、軽い、頑丈など
- 情緒的ベネフィット
  …安心感、高級感など
- 自己実現ベネフィット
  …自慢できる、こだわり自信が持てるなど

顧客に伝えるべき ベネフィット（便益）

新規の顧客には、「不便や不満に感じていることを、この商品はどのように解消するのか」をわかりやすく伝えることが大切です。ドリルと穴の例のように、商品やサービス（ドリル）を通じて提供できる利益や恩恵であるベネフィット（穴を空けてネジを通す）を具体的に表現して伝えることができれば、新規の顧客の購買意欲は高まりやすいといえます。

※セールスプロモーション：消費者や流通業者などに向けて行われる販売促進活動のこと

マーケターの視点・基本のキ

4

相手＝顧客を知る

3C③ 顧客（Customer）

Who＝誰に売るのかをニーズから考える

3Cでは、自社に続いて顧客について考えます。例えば、朝の出勤時やランチ休憩、残業中など、同じコーヒーを購入しようとしているビジネスマンでも、コーヒーに求めているニーズは異なることがあります。商品の購入理由である顧客のニーズは何かを考えてみましょう。

マーケターの視点・もっと深く

顧客が感じる価値を想像する

Why =なぜ買うかを想像することで、
顧客が（できれば喜んで）買ってくれる商品を生み出します

どこに価値を感じてくれたのか

今の顧客は「すでに自社商品を購入し、価値を見出してくれている」人たちです。インタビューやアンケートで、「どんな部分に価値を感じているのか」を確認しておくと、提供価値を守り、向上させることができます。それによって顧客の購買意欲を維持・増進していきます。

不便や不満がどう解決するのか

「今は顧客ではないけれど、いずれ顧客になってくれるかもしれない」潜在的な顧客には、まず自社商品の存在とその価値を伝えることが大切です。また、「商品の存在は知っているけど何か不満を感じている」のであればその不満が解消されることを示していくことが必要です。それぞれ顧客の視点に立って、「どうしたら買ってもらえるか」を考えましょう。

マーケターの視点・基本のキ

5

競合＝ライバルを知る

3C④ 競合（Competitor）

自社と競合の商品で、
どこが似ていて、何が違うのか
じっくり整理してみましょう。

ライバルとの差別化と類似化を徹底する

最後の一つは「競合」、つまり競争関係にあるライバルです。競合と同じことをしていても、自社のビジネスを成功させることはできません。競合の商品価値を把握し、どうやって「差別化」するか、競合の差別化要因にどう「類似化」してその効力をなくしてしまうか、作戦を練ります。

マーケターの視点・もっと深く

差別化と類似化

差別化で

選ばれる理由をつくっていく

競合との「差別化」によって生み出される価値を「差別化要因（Point of Difference）」といいます。製品やサービスに加え、接客スタッフや流通経路、ブランドイメージから他社にない強みを打ち出します。差別化要因が顧客にとっての「必須条件（Must Have）」となれば圧倒的な強みになり、「あったらいいな（Nice to have）」で選ばれることも往々にしてあります。

類似化で

選ばれない理由をつくらない

競合が選ばれる理由と「同じ」ことをして差別化要因をなくしてしまうことを「類似化」といいます。それにより（競合にとって）差別化要因でなくなってしまう価値を「類似化要因（Point of Parity）」と呼びます。顧客にとっての「必須条件」を備えた上で、「あったらいいな」の類似化も検討しましょう。それが難しければ、価格の「お得感」で競合に引けを取らないようにすることも効果的です。

マーケターの視点・基本のキ

6

売り手の視点からモノを見る

4P　価値の考え方

4つの要素の組み合わせが売れる理由になる

3C分析による自社・顧客・競合の理解をもとに、市場の中でどの顧客にどんな価値を、競合を横目に提供していくかという方針が定まってきたら、より具体的な戦術を立てていきます。マーケティングでは、「製品」、「宣伝」、「流通」、「価格」という4つの要素をマーケティング活動の基

Keyword

【 4P分析 】

自社から顧客に効果的にアプローチするために、4つのP（製品、宣伝、流通、価格）をマーケティング活動の構成要素として、その最適なミックスを分析する手法。

コーヒーの価格は、自社の利益を確保できるものになっていなければなりません。

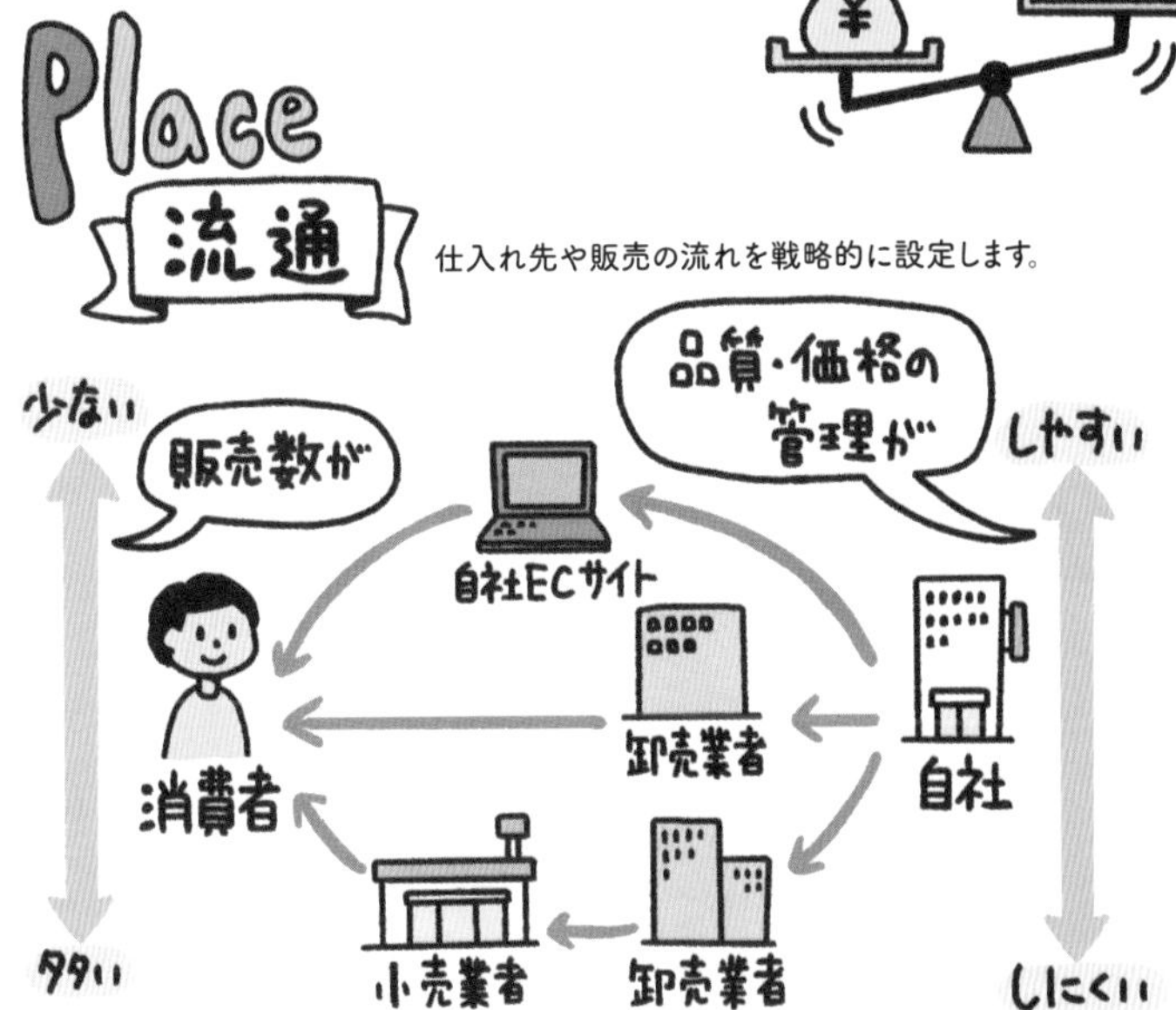

仕入れ先や販売の流れを戦略的に設定します。

本的な構成要素と考え、それらをうまく組み合わせていくことで効果的な販売戦術の立案を目指します。この組み合わせ作業を「マーケティング・ミックスの最適化」といい、そのための分析を「4P分析」といいます。ここでは、それぞれの要素が相互に強化し合いながら、全体として一貫性を持つことを重視して、具体的な販売方法を決めていきます。

マーケターの視点・もっと深く

4つのP、それぞれの特徴とは

販売戦術を立てる際にワンセットとして重要な４つの要素。
何をどう意識すべきか、ポイントを見ていきます。

Product＝製品は時と共に進化する

「製品（Product）」には、製品やサービスなど、顧客のニーズに合わせて提供されるものすべてが含まれます（「商品」と同じ意味合いです）。主に機能や品質で差別化されますが、時代の変化やニーズに合わせて製品を進化させる必要もあります。製品にはライフサイクル（→P116）があり、進化なくして売れ続けることはありません。

Promotion＝宣伝の方法は多彩になっている

宣伝（Promotion）とは、ニーズに応えた販売促進を行うことを指します。宣伝と一口にいってもその方法は時代を経るごとに多彩になり、広告や広報、口コミといった方法とテレビやウェブサイト、SNSといったメディアの特徴をそれぞれ理解し、使いこなす必要があります。最近では、デジタルの活用が必須になってきました（→P154）。

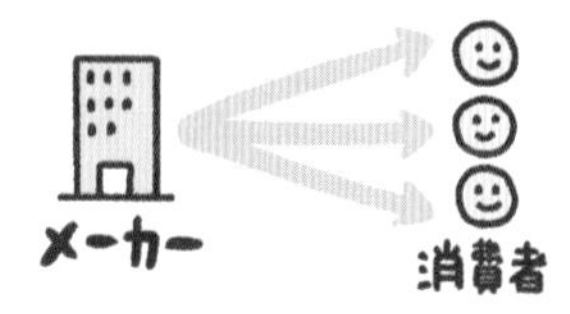

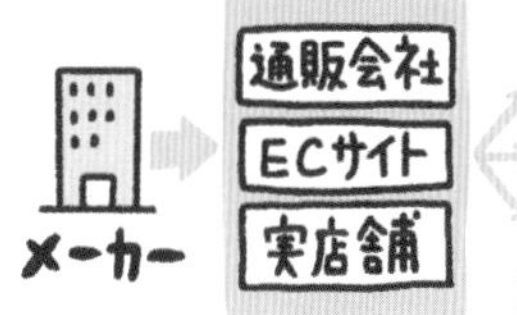

Place=流通は小売りも含む広い概念

流通（Place）とは、商品を顧客に届けるための方法であり、店舗やECサイトといった小売業の領域も含む広い概念です。商品の輸送をはじめ、流通経路にかけるコストや、店頭で販売するかネットショップで販売するかなども含めて、適切な経路（チャネル）を選択することで、商品と顧客が出会う場をプロデュースしていきます。

● **チャネル**

何かが流れる経路のこと。流通チャネル、販売チャネル、コミュニケーションチャネルなどの種類があります。

プライス
Price

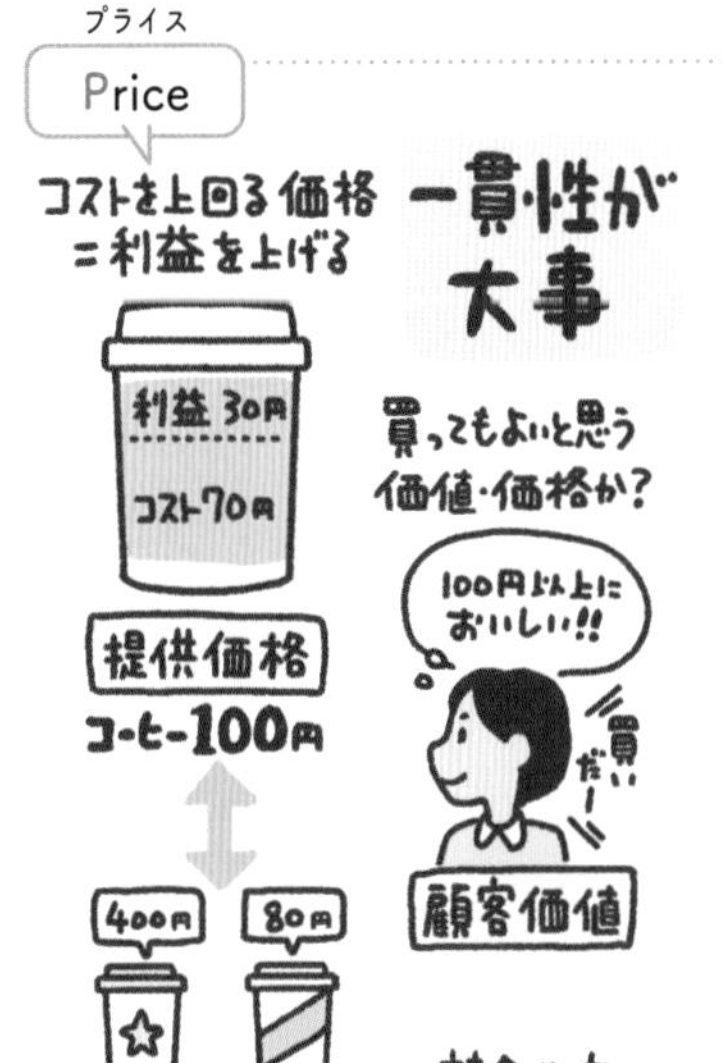

Price=価格は戦略的に決定する

価格（Price）は商売を成立させるための販売要素としてイメージしやすいかもしれません。意識しなければならないのは、自社の利益だけを考慮すればいいのでなく、また、ただ安くすればいいというわけでもないということです。他のマーケティング要素との一貫性を見ながら戦略的に決定します。特に品質などその価値が一見しただけではわからないような製品の場合、顧客は価格によってどの程度の価値がある製品なのかを推測しています。

マーケターの視点・基本のキ

7

買い手の立場に立って考える

4C 顧客視点の商品

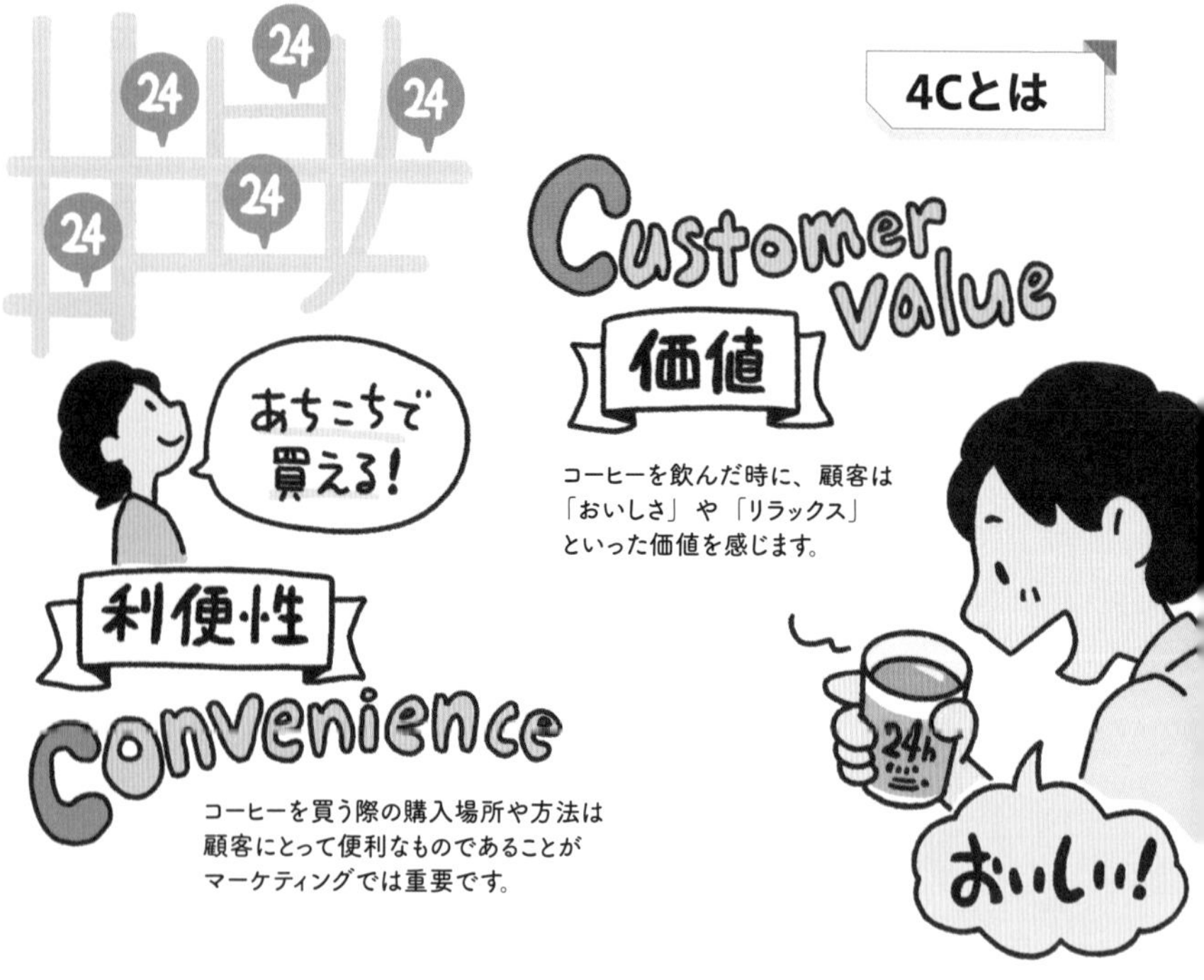

4Cとは

Customer value
価値

コーヒーを飲んだ時に、顧客は「おいしさ」や「リラックス」といった価値を感じます。

おいしい！

あちこちで買える！

利便性
Convenience

コーヒーを買う際の購入場所や方法は顧客にとって便利なものであることがマーケティングでは重要です。

顧客目線から重要となる要素を分析する

売り手（自社）視点で販売戦術に必要な要素を分析する4Pですが、日進月歩のマーケティングの世界では、より買い手（顧客）側の視点に立った新しい考え方が生まれました。それが4つのCを組み合わせた4C分析です。

4P分析の4つの要素と同じく、4C分析では「価値」、「利便性」、

Keyword

【 4C分析 】

商品の販売に必要な、買い手視点で考える頭文字が「C」の4つのマーケティング要素を組み合わせたもの。4つのCは4つのPにおよそ対応しています。

Customer Cost 費用

顧客が支払うコストに対して、コーヒーの価値は見合ったものになっているかを考えます。

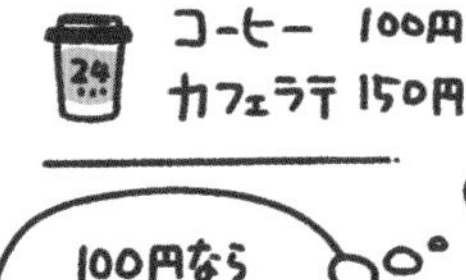

100円なら
ついでに買おう

Communication コミュニケーション

コーヒーを宣伝するだけでなく、顧客間の口コミや相互のコミュニケーションに目を向けてみましょう。

このコーヒー老舗喫茶店とコラボなんだよー

私も買ってくる！

「費用」、「コミュニケーション」から販売戦術を立てます。

4Cが生まれた背景には、企業や商品都合になりがちな「プロダクト・アウト」から、顧客のニーズに寄り添った「マーケット・イン」にマーケティングの主流が変化したことがあります。買い手の目線を理解しないと、なかなか商品が売れない時代になったというわけです。

マーケターの視点・もっと深く

4つのCを極める

買い手（顧客）視点である４つのＣは、４つのＰに比べると
いち消費者としてより身近でイメージしやすいものといえます。

顧客に価値を提供できているか

顧客価値（Customer Value）とは、便利さ、わかりやすさ、性能など、買い手側から見た商品の価値、言い換えると顧客ベネフィットのことです。機能や品質だけでなく、ブランドイメージやパッケージも含めて顧客のニーズを満たしているかが重要になります。その商品に顧客が感じる価値・ベネフィットを総合的に捉え、分析します。

コミュニケーションは適切か

マーケティングを成功させるには、ターゲットである買い手（顧客）と売り手（販売側）との間での、効果的な双方向コミュニケーション（Communication）が不可欠です。宣伝（Promotion）は一方的な情報提供である場合が多いですが、コミュニケーションでは、さまざまな場・メディアで買い手の声に耳を傾け、顧客との良い関係性を築く必要があります。

利便性は確保されているか

利便性（Convenience）とは、顧客が商品を不便なくスムーズに購入し、使用・消費できるかどうかを考える要素です。顧客にとって、商品の入手のしやすさは、購入するかどうかを決める重要な判断基準です。購入可能な店舗までの距離が遠かったり、ECサイトでの決済プロセスが面倒だったりすると、顧客の購入意欲は下がります。最近では、オムニ・チャネル※での販売も、顧客の利便性の高さから一般的になってきています。

コストは見合っているか

コスト（Customer cost）は、顧客が商品の価値を享受するために負担するさまざまな資源のこと。金銭的コストに加えて時間や労力、心理的負担も含む広い概念です。価格交渉が可能な環境では、価格以外のコストを差し引いた商品価値がどのくらいあるかで、顧客は価格がいくらまでなら支払って購入するかを考えます。その際、顧客が進んで支払おうとする価格の上限を「支払意欲（Willingness To Pay）」といいます。

※オムニ・チャネル：ネットとリアルで同じように、かつ補完的に商品を購入できるように設計されたチャネル

マーケターの視点・基本のキ

8

市場は変化する

市場② 社会と市場

世界と市場の大きな変化に乗り遅れない

新型コロナウイルス感染症のまん延や、緊迫した世界情勢の影響による物価上昇、技術革新など、短期間で環境がめまぐるしく変わる現代。その影響は、市場にも及んでいます。

日夜変化していく顧客ニーズをはじめとした市場環境に対応していくためには、これまで見てきた3C分析や

4P分析、4C分析を通して、マーケティングに必要な各要素をきめ細かく確認していくことが重要です。また、そこから顧客ニーズと商品のズレを埋めていく工夫も進めていかなければなりません。市場は「生き物」です。社会の動きや買い手の流行に目配りしながら、そこから得た洞察を自社の商品にどう生かしていくか、常に考えていきましょう。

Column

1

マーケティングの偉人と理論をサクッとおさらい ～前編～

マネジメントの父

ピーター・ドラッカー

プロフィール ＆ 主な理論

1909 年、オーストリア生まれ。現代マネジメント論の創始者として知られる。主な著書に『マネジメント』など。日本では 2009 年に、ドラッカー理論について書かれた『もし高校野球の女子マネージャーがドラッカーの『マネジメント』を読んだら』（集英社）がベストセラーとなった。

ドラッカーはマネジメントの理論を体系的に整理し、研究者のみならず実務家に大きな影響を与えました。また、1950 年代という早い段階に「企業の本質的な機能はマーケティングとイノベーションであり、他はコストだ」と提唱。経営におけるマーケティングの重要性を広めた人物です。

阿久津先生の
一口メモ

コトラーの『マーケティング・マネジメント』は、広く世界で読まれてきたマーケティングの定番テキストです。時代の変遷を捉えるべく、毎年のように改訂されています。日本では、早稲田大学の恩藏直人先生の監訳で、原書16版の邦訳が2022年末に刊行されたところです。

マーケティング理論の第一人者

フィリップ・コトラー

プロフィール & 主な理論

1931年、アメリカ生まれ。ノースウェスタン大学ケロッグ経営大学院名誉教授。マーケティング1.0~5.0の概念やSTP理論を提言した。『マーケティング・マネジメント』をはじめ、マーケティング関連の著書多数。

「近代マーケティングの父」「マーケティングの神様」と呼ばれるコトラー。市場のトレンドの変化をわかりやすい言葉で表現し、その概念を広めてきました。私たちが学んでいる体系的なマーケティング論の基礎をつくった人物であり、現在も新たなアイデアを生み出し続けています。

阿久津先生の一口メモ

ブランドに関する実務と研究の集大成ともいえる『戦略的ブランド・マネジメント』を執筆した後に、コトラーに『マーケティング・マネジメント（第12版）』の共著者として招かれたケラー。ブランドを核としたマーケティング理論の構築・発展に貢献しました。

ブランドマネジメントをリード

ケビン・ケラー

プロフィール & 主な理論

1956年、アメリカ生まれ。ダートマス大学タック経営大学院 E.B. オズボーン冠マーケティング教授。『戦略的ブランド・マネジメント』の著者であり、コトラーの『マーケティング・マネジメント』（12版～）の共著者でもある。

ケラーの著書『戦略的ブランド・マネジメント』では、ブランドエクイティ（ブランドの資産価値）の設計、確立、測定、管理における戦略的なガイドラインが示されています。ケラーはまた、効果的なブランド管理のためのツールとしてブランドレポートカードなどを提唱しています。

阿久津先生の一口メモ

アーカーは、コトラーと共に世界でもっとも知られたマーケティング大家の一人といえましょう。私自身、カリフォルニア大学で彼に師事できたことは幸運でした。アーカーは野中郁次郎一橋大学名誉教授や竹内弘高ハーバード大学教授との親交も深い親日派で、電通のアドバイザーを務めたこともあります。

ブランド論確立の立役者

デービッド・アーカー

プロフィール & 主な理論

1938年、アメリカ生まれ。カリフォルニア大学バークレー校ハース経営大学院名誉教授。ブランドエクイティやブランドアイデンティティ概念の提唱者として知られる。著書に『ブランド論』『ストーリーで伝えるブランド』などがある。

アーカーが語るブランドとは、「未来の成功のための足場であり、その組織のために継続的な価値を生み出す」もの。企業の社会的責任（CSR）が大きくなる現代の市場において、アーカーのブランドを軸にしたマーケティング論は、ますますその役割が大きくなっているといえます。

日々の実践で心がけたい

マーケティングの定石

第１章ではマーケティングの基本となる「視点の切り替え」や
「3C」「4P ／ 4C」のフレームワークを見てきました。
第２章では、それらを実際のマーケティング活動の中で
実践していくための「定石」を紹介します。

この章でわかること

ターゲットの絞り方をマスターする

顧客の行動を予測・設計する

マーケティングで大切なのは
試行錯誤による調整。
効果測定をして次に生かそう

マーケティングの流れとは

1章で扱ったキホンのキ！

3C

誰に何を売るか

顧客と競合が間違っている?

4P/4C

戦略を立てる

ニーマップ（P.72）　土台となるマーケティングのツール

第1章では、マーケティングの中でももっとも基本となる「市場」の考え方や「3C」「4P／4C」のフレームワークを扱いました。2章では、それをビジネスの中で実践していくために必要な理論や知識を、上の図に沿って解説していきます。

マーケティングのプロセスの中で最初に行うのは、1章で見てきた市場のリサーチと分析です。**3C**を中心に、自社を分析するための**SWOT分析**や、自社を取り巻く外部環境

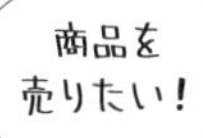

を知るためのPEST分析などを行います。そうして明らかになった状況をもとに、STPの3点から自社が目指すべき市場や取るべきポジションを設定します。その際、顧客のペルソナを作成することで、取るべき戦略がより見えやすくなるでしょう。そこから4P／4C分析を行い、具体的な商品設計を行います。

ここで重要なのは、各プロセスは一方通行ではなく、うまくいかないところがあれば、立ち戻って検証することです。この試行錯誤の繰り返しが、マーケティングの醍醐味ともいえます。

日常にあるマーケティング

小規模な
コンビニだけど、
どうしたら売上が
上がる?

ここに一軒のコンビニがあります。大手のフランチャイズチェーンではなく、昔ながらの個人経営のお店です。周りにはビジネス街が広がっており、店舗でつくったおにぎりやお弁当なども販売。小規模ながら、根強いファンもいるコンビニです。

そんなお店に、ある若者が新しく店長として働くことになりました。マーケティング初心者である彼は、マーケティングに詳しい先輩社員とともにお店をもっと盛り上げていくべく、事業戦略を立てていきます。

第2章では、彼らが直面する課題を通して、マーケティングの「定石」を学んでいきましょう。

マーケティングの定石 1

自社を内側と外側から見つめ直すSWOT分析

#SWOT分析

Strength 強み

自社や商品が持つ特徴やこだわりが、他社に対する「強み」となる。

Point 1

4つの観点から自社の状況がわかる

内部環境と外部環境における「強み」「弱み」「機会」「脅威」の4つの視点から自社を分析してみましょう。

Weakness 弱み

競合と比較して十分に価値を提供できていないと思える点など、自社に足りていない部分が「弱み」。

Point 2

弱みに見える特徴が強みになることも

「品揃えが少ない」「競合がたくさんある」といった一見ネガティブな状況も、差別化次第では強みになる可能性も!

Opportunity 機会

「機会」とは、「近くにオフィスビルが建って人の流れが増えた」「業界全体が盛り上がっている」など、自社に有利な状況の変化のこと。

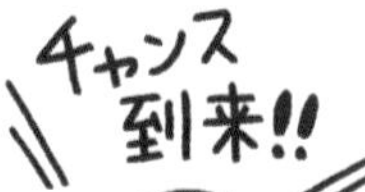

Point 3

機会と脅威の両方を認識する

自社の外で起きる変化について、
機会と脅威の2面から
認識を深めましょう。

Threat 脅威

競合の増加や業界の不振をはじめとする、自社のビジネスにとってマイナスにはたらく要因が「脅威」。

Point 1

#SWOT分析

4つの観点から自社の状況がわかる

自社のコンビニにはどのような特徴があるのか、それを具体的に明らかにするフレームワークが「SWOT分析」です。**自社の状況を内部の「強み」「弱み」と外部の「機会」「脅威」の4つの観点から整理していきます。**例えば、食材や手づくりのこだわりは自社の「強み」である一方、大手チェーンに比べた際の品揃えの薄さは「弱み」になるでしょう。市場の拡大は「機会」の増加になりますし、競合の増加は「脅威」になります。いずれもプラス・マイナス両面から確認していきましょう。

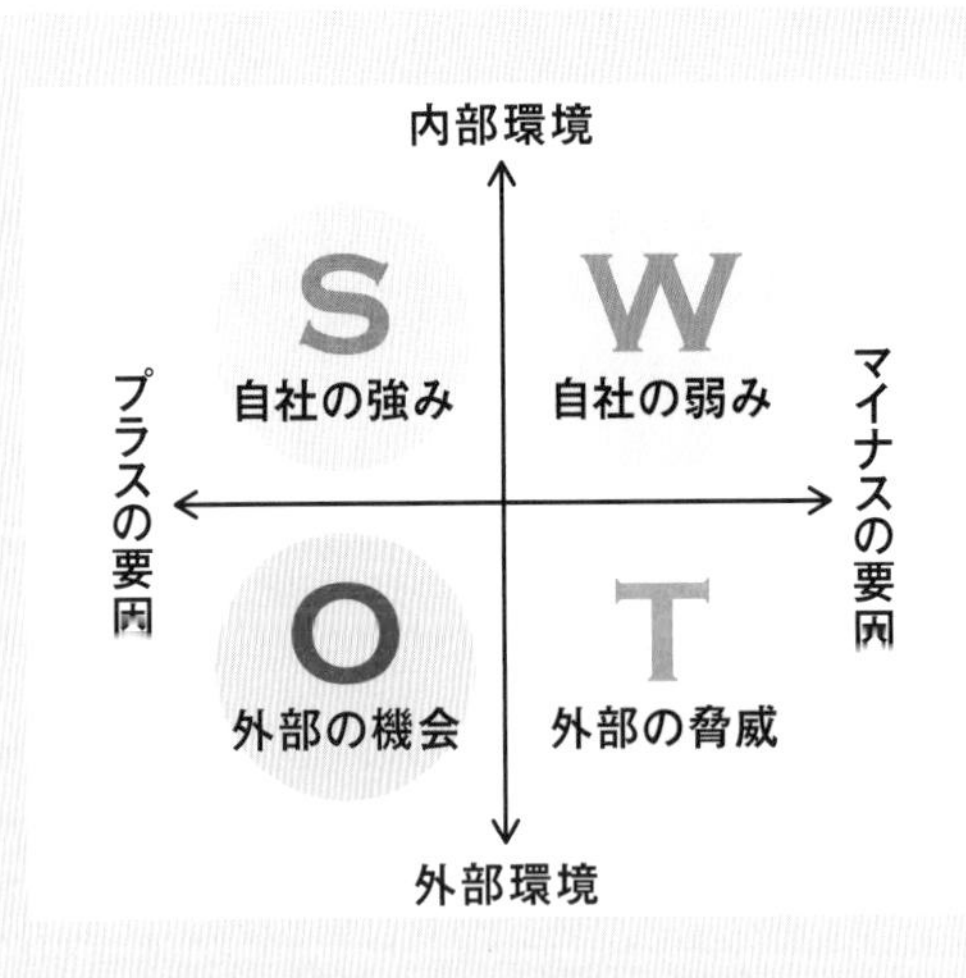

図解しながらアイデア出しをしよう

SWOT分析では、図のようにS・W・O・Tの4つのエリアから分析を進めていきます。エリアごとに自社がどんな状況にあるかをリストアップしていくことで、市場における自社の姿が鮮明に見えてくるはずです。その際、競合の調査や店舗周辺のアンケートなど、取引先や顧客のヒアリングを積極的に行うことも重要です。

Point
2
#SWOT分析

弱みに見える特徴が強みになることも

内部の環境を考える際、「主観的になり過ぎない」こともポイントです。自分では「弱み」として見えている点も、競合他社との差別化という視点から見れば、武器になる可能性もあります。例えば、商品の品揃えの少なさは、大手チェーンの多い環境では「選ぶ手間が少ない」「ハズレがない」というメリットも。「こだわり」や「手づくり」などのコンセプトを打ち出していけば、競合との差別化もできます。客観的かつ柔軟な視点で分析すれば、新しいアイデアも生まれやすくなるでしょう。

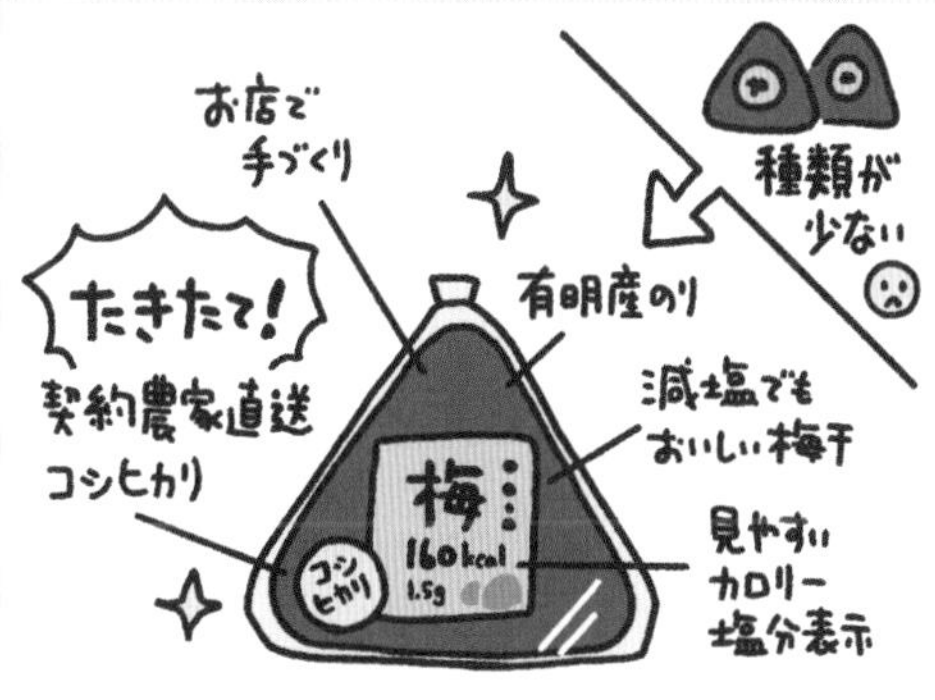

弱みを強みに変換する

「種類が少ない」というお店の特徴は、一般的には自社の「弱み」ですが、顧客にとって見れば「ハズレをひく心配がない」と取ることもできます。また、手作りでヘルシーさにもこだわっているという強みと組み合わせて考えれば、「少数精鋭で質にこだわっている」という自社ならではの強みにもなりえます。さまざまな視点から各要素を考えましょう。

Point

3

#SWOT分析

機会と脅威の両方を認識する

自社を取り巻く環境は複雑なことが多いですが、**まずは大きく自社にとって「機会（＝チャンス）」なのか、もしくは「脅威＝ピンチ」になるのかで判断していくことが大切です。**

コンビニを例にすると、自社の周りにオフィスビルが増えて人の流れが増えていればそれはチャンスであり、競合するお店が増えていれば、自社の顧客を失うピンチです。ただ、そうした脅威も、自社の強み・弱みと組み合わせれば、かえって有利な状況に変えることもできます。

その脅威、逆に利用できるかも?

競合が増える環境はたしかに脅威ですが、その分自社の周りにも顧客が集まってくる可能性があります。その中で自社の強みである「こだわり」や「おいしさ」などを打ち出すことができれば、競合との差別化から、新しい顧客を獲得することもできるかもしれません。脅威をそのままにするのではなく、どう対処するかが重要といえます。

もっと深掘り！

クロスSWOT分析とは何か

#クロスSWOT分析

クロスSWOT分析	S Strength 強み	W Weak 弱み
O Opportunity 機会	強み×機会 販売強化や付加価値の高い商品の開発など、積極的な戦略を展開	弱み×機会 自社の技術の見直しなど段階的な戦略で着実に機会を生かす
T Threat 脅威	強み×脅威 競合との差別化に注力して自社の強みをより際立たせる	弱み×脅威 市場からの撤退やターゲットの再設定など無理のない戦略が基本

SWOT分析を実践していくためには「クロスSWOT分析」を行うこともおすすめです。これは、SWOT分析で導き出した内部要因である「強み・弱み」と外部要因である「脅威・機会」を組み合わせて考えることで、自社の取るべき戦略を多面的に把握するためのものです。それぞれの組み合わせにおいて、取るべき戦略の方向も知ることができます。自社の戦略を立てる上では、SWOT分析に加え、PEST分析（↓P81）やファイブフォース分析（↓P109）などのフレームワークを活用して視野を広げましょう。

マーケティングの定石 2

自社・顧客・競合の理解が戦略のベースになる

#3C分析

Point 1

顧客を詳しく理解する

顧客がコンビニに求めているものは何なのか、近くにどんな環境があるのかを把握することがお店の成功への第一歩。

NewOpen
コスメあったよね
スイーツも充実してるよね
クーポンあったな…
あのコンビニのお弁当おいしい！

Point 2

競合の存在を見極める

コンビニのライバルは同じコンビニだけではありません。自社の商品の競合となるのはどこか、視野を広げて考えてみましょう。

Point 1

#3C分析

顧客を詳しく理解する

自社のコンビニを選んで足を運んでくれているお客さんはどんな人が多いのでしょうか。このコンビニはオフィス街にあり、20～40代の会社員でランチやおやつを買いに来る人が多い店です。より視野を広げてみましょう。コンビニに対して、顧客は利便性やコストパフォーマンス、話題性を求めており、商品の入れ替わりが激しい市場といえます。**こうした情報や推論は、漠然とした印象や想像に基づくのではなく、必ず客観的なデータやファクトをもとにするようにしましょう。**

顧客の目から自社を見つめてみよう

現代マーケティングでは、戦略を考える際に「買い手」である顧客の視点に立ってみることが必要不可欠です。情報を集める際も、アンケートや利用者へのインタビューといった方法で顧客に近い「声」を集めたり、販売システムから時間帯や顧客層のデータを分析するなど、多面的に自社の状況を把握しましょう（→P62）。

Point 2

#3C分析

競合の存在を見極める

顧客の次は競合（ライバル）について考えてみましょう。市場では、同じコンビニだけと競合しているとは限りません。どこと競合しているのかを考える際にも顧客のニーズを把握することが大切です。ランチ利用が多いなら、近隣のレストランやカフェ、キッチンカーもライバルといえます。便利さでいえば最近普及した宅配サービスとコンビニを比較する人もいそうです。いわゆる同業他社だけでなく、自社商品と同じ顧客ニーズを満たしているのはどこの商品かを考えるとよいでしょう。

毎日のランチ、 どう選んでいる?

同じ食品でも、昨今の顧客にはさまざまな選択肢があります。その中で自社の商品を選んでもらうためには、①カギとなる顧客ニーズの特定と②同じニーズを満たす競合との差別化というツーステップが必要です。顧客視点で自社商品と同じ選択肢に上がる店を特定して、特徴や価格帯などでの差別化を検討しましょう。

マーケティングの定石 3

STPからビジネスの対象を絞り込む

#STP #ペルソナ

戦略決定のカギは「S＝細分化」「T＝ターゲット設定」「P＝ポジション設定」の3つのプロセスにあり。

Point 1

3つのステップで戦略を具体化

商品の質が良ければ売れるという考えは危険です。市場を細かく分析し、どこを狙うかを考えていきます。

STPの流れ

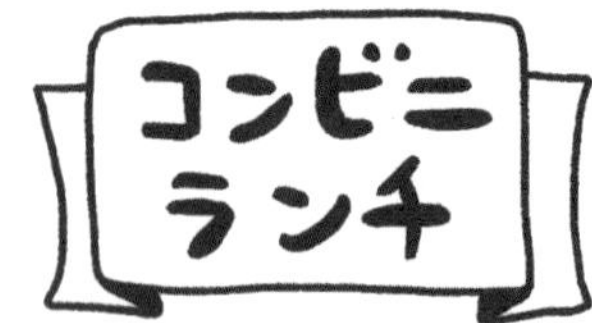

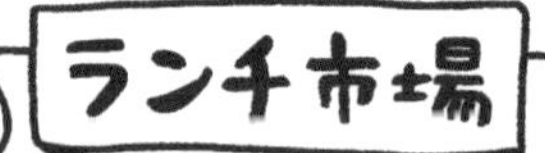

ターゲティング
Targeting

市場の細分化
Segmentation

Point 2

ペルソナを生かしてニーズを把握

顧客のペルソナを
具体的に設定すれば、
ニーズに応えられるかが明確に
わかるようになり、共通の
イメージが持てます。

女性／30代／都内在住の一人暮らし／大手メーカー企業の広報担当／主食は米派／外食が多い／健康に気を遣うようになった／忙しい中でも、食事にはこだわりたい／趣味は旅行やカフェ巡りetc……

↑

ペルソナはこの人！

おにぎりにこだわる店

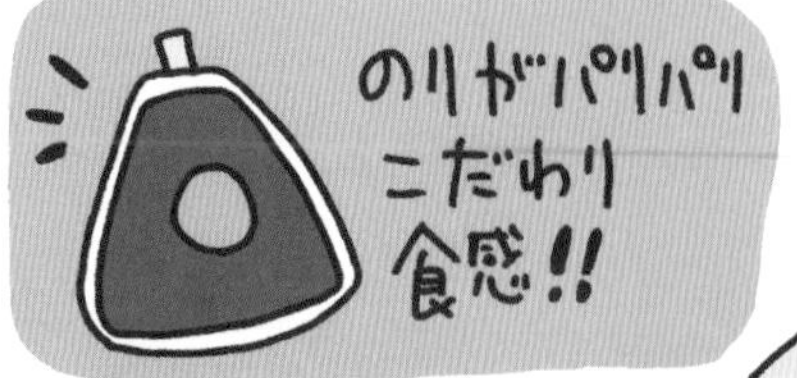

具だくさん
手作り
おにぎり

ポジショニング
Positioning

Point 1

#STP

3つのステップで戦略を具体化

SWOT分析や3C分析を通して、自社の現状を把握できたら、いよいよ具体的な戦略を立てていきます。その際に使用されるフレームワークがSTPです。市場を細分化し、その中からどの小市場をターゲットにするか、そして競合に対してどのようなポジションをとるかを明確にしていきます。

この3点がはっきりしなければ、その後の4P／4Cを通じた商品戦略の設定（マーケティング・ミックス）も、対象を間違えたり、曖昧になってしまったりする危険性があります。

STP分析の3ステップ

セグメンテーション（Segmentaion）

対象とする市場を細分化（セグメント）していくこと。地理や行動の特徴、年齢や性別といった「デモグラフィックス」などをもとに市場を細かく見ていきます。

↓

ターゲティング（Targeting）

セグメンテーションで分けた市場のどこに参入していくか、標的（ターゲット）を絞ります。セグメントの持つ魅力や可能性と、売り手側の条件によって検討します。

↓

ポジショニング（Positioning）

ターゲットとする市場に対して、どのようなポジション（位置）を取るべきかを考えます。自社の商品が買い手からどう見られるべきかがポイントです。

ターゲティングには細心の注意を

STP分析は3つのプロセスから行われますが、中でも1番のポイントはターゲティングといえます。想像や既成概念で判断すると、商品が思うように売れなかったり、想定と違った事業運営をせざるを得なくなったりします。ターゲットが決まれば、そこにどのような立ち位置を取るべきか、リサーチやテストを繰り返して精緻化していきます。

Point 2

#ペルソナ

ペルソナを生かしてニーズを把握

コンビニの利用者と一口にいっても、年齢や職業など非常に幅広く、そのすべてのニーズに一つの商品で応えることは難しいものです。**ペルソナ（＝自社の顧客のモデル像）をつくり上げ、カスタマージャーニーマップ（↓P72）につなげる必要があります。**例えばコンビニの周りにオフィス街が多いのであれば、ビジネスパーソン向けの文房具や衣類などの品揃えを増やしたり、手軽に食べられるおにぎりやサンドイッチなどの軽食を充実させたりするのも有効でしょう。

ペルソナは細かく、具体的に設定しよう

ペルソナでは、性別や年齢はもちろん、職業・年収・ライフスタイル・趣味など、自社のビジネスに関係ないと思えるものまで、具体性を持って設定することが重要です。企業によっては、空想上の人物を設定（→P121）し、その人に対する商品開発を行っているところもあるほどです。それにより、狙った層に適した商品を届けられるのです。

マーケティングの定石 4

リサーチ結果にもとづいて意思決定する

#定量調査 #定性調査 #マーケティング・リサーチ

大量のデータをマーケターに

Point 1

定量的なデータで仮説を裏付ける

マーケティング・リサーチの柱である「定量調査」。数値やファクトを収集して分析し、戦略的な意思決定に生かします。

Point 2

顧客の生の声から求めるものを探る

マーケティング・リサーチのもう一つの柱である「定性調査」。数値化できない顧客の状況や心理を把握し、ギャップを埋めます。

Point 1

#定量調査

定量的なデータで仮説を裏付ける

マーケティング・リサーチには大きく分けて二つの方法があります。一つ目は「定量調査」です。集めたデータをただ眺めても適切な答えは見つかりません。仮説を検証するために、売上と年齢・性別などの属性を縦横に交差させる「クロス分析」や、似た性質を持つものをグループ化して抽出する「クラスター分析」などの解析手法を活用しましょう。専門的な内容もあり、実践するにはハードルが高い手法もありますが、シンプルな手法でも戦略を立てるために活用できます。

戦略的視点 ＋ データ分析手法

マーケティングの精度を高め
企業経営は次のステージへ

データサイエンスは企業を救う!

データを分析してその価値を引き出す分野は「データサイエンス」と呼ばれ、今後より重要になることが予想されます。データへのアクセスが比較的簡単になってきている現代、文系的な事業戦略のアプローチと理系的なデータ解析の手法、両方を兼ね備えた人材が求められます。普段からデータを意識した思考の練習を繰り返しましょう。

Point
2
#定性調査

顧客の生の声から求めるものを探る

定量調査とともに重要な「定性調査」。代表的な手法に「フォーカスインタビュー」や「グループインタビュー」があります。インタビューの形式はさまざまですが、**顧客から直接話を聞くという点がポイントです。そこでは発言やジェスチャーなどが分析対象になります。**定性調査の分析手法としては、「テキスト・マイニング」が有名です。これは、発言内のキーワードの出現頻度や関係性を分析することで、買い手の商品に対するイメージや関連する要因を明らかにするものです。

定性調査は対象設定が命

定性調査では、直接顧客とコミュニケーションをとるため、サンプル数はそこまで多くできません。そのため、対象の抽出（＝サンプリング）を間違えると、情報の偏りが発生しやすい手法でもあります。リサーチの対象を選ぶ際は、一定の基準を設けたり、偏りが出ないようにランダムに選出したりするなど、中立性を意識することが大切です。

もっと深堀り！

○○で失敗したあの企業 ～リサーチ編～

#マーケティング・リサーチ

リサーチ結果から「健康志向」がトレンドだと結論づけたマクドナルド。しかし、「ジャンクなものが食べたい」というマクドナルドに対する顧客の本当のニーズには気づくことができませんでした。回答者の「罪悪感」が結果を歪めた可能性があります。

マーケティング・リサーチでは、入手した情報が客観的なものか、その手法や結果について慎重に考慮しなければなりません。ファーストフードチェーンのマクドナルドも、自社で行ったアンケートをもとに、トレンドに沿った健康志向の「サラダマック」を企画しましたが、その外側にある顧客の真のニーズ（ジャンクなものが食べたい）に気づかず、売上が落ちたこともありました。

口ではヘルシーって言うけど…
そんな人ほど分厚いハンバーガーに惹かれるのでは

自社に求められているニーズに原点回帰して、ボリュームたっぷりのハンバーガーを発売。商品は大ヒットし、売り上げが回復しました。

マーケティングの定石 5

AIDMAの法則で買い手の行動を見る

#AIDMA

Point 1

順序を踏むことが大事

一目惚れという言葉もありますが、通常では人間の行動はもう少し段階を踏んだもの。そのルールを学びましょう。

Point 2

有効なアプローチを見極める

買い手の行動が読めるようになれば、それに合わせた効果的なアプローチも可能になります。具体的な手法を見てみましょう。

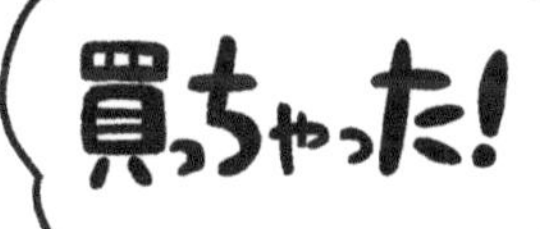

Point 1

#AIDMA

順序を踏むことが大事

人間の欲望に順序があるように、購買（行動）に至るまでの流れにもパターンがあります。これを「購買行動（決定）プロセス」と呼び、もっとも有名なものをＡＩＤＭＡの法則といいます。

ＡＩＤＭＡの法則によれば、人間が商品を購入する際は、**まずそれに注目し、関心を持ちます。その後商品がほしくなり、ブランドを含めて記憶し、購入に至ります。**自社の宣伝や販売方法により、買い手が流れに沿って自然に購入に至るようなルートを設定することがポイントです。

基本となるAIDMAとは

AIDMAの流れを、おにぎりの購入を例に表したのが左図です。アメリカでは、「記憶」のステップを抜いてAIDAの法則といわれることもあるそうです。商品を購入するまでには、複数の心の動きがあることを意識しましょう。

- 注目（Attention）
  …なんだあのおにぎり
- 関心（Interest）
  …おいしそうかも
- 欲求（Desire）
  …食べたい!
- 記憶（Memory）
  …あの会社の商品か
- 行動（Action）
  …買いました!

ウェブに対応したAISAS

AIDMAの法則はリアルでの購入をベースにしたものですが、ウェブでの購入向けにアレンジしたAISASの法則も誕生しました。「検索」や行動の後の「共有」など、ウェブならではの文化・ツールが反映されました。

- 注目（Attention）
  …なんだあのおにぎり
- 関心（Interest）
  …おいしそうかも
- 検索（Search）
  …ウェブで検索
- 行動（Action）
  …買いました!
- 共有（Share）
  …おいしかったよ!

Point

2

#AIDMA

有効なアプローチを見極める

AIDMAの法則に沿って、買い手は購入まで行動しますが、一連の流れの途中で離脱してしまうと、最終的に商品は購入してもらえません。逆にいえば、**どこで顧客が離脱しているかを突き止めることができれば、より多くの人を購入まで導くことができるのです。**「注目」が少なければ大規模な広告を打ったり、「欲求」での離脱者が多ければ、試食や体験を通して商品が持つ魅力をダイレクトに伝えたりするなど、自社のリソースを集中的に投入することが求められます。

ピンポイントな対策で省コスト化

AIDMAをもとにした分析でもっとも効果がでるのが、プロモーションの分野です。消費者へアプローチする際にはメッセージが必要ですが、購買プロセスのどこに弱点があるかがわかれば、そこに絞った対策を打つことができ、無駄な施策を行わなくて済みます。状況に応じて、どんなメッセージが必要か見極めましょう。

もっと深堀り！

買い手の行動を売り手が設計してみる

#カスタマージャーニーマップ

購買	使用	共有
店舗	店舗	SNS 雑誌
● SNSでクーポンGET！ ● 店舗で購入	● 実際に食べてみる	● SNS で共有 ● レビューを書く
● 価格も手頃! ● 試しに買ってみよう	● 思った通りの味! ● 他社のほうが好みかも	● SNS で紹介しよう ● レビューも書いておこう
◎	○	△

ビジネスの現場でよく聞く言葉に「カスタマージャーニーマップ」があります。これは買い手の購買プロセスとそれに対する自社のアプローチ方法を「旅」に例えて図としてまとめたものです。横軸はＡＩＤＭＡのように注目から行動までの流れを、縦軸には買い手へのアプローチ方法や具体的な行動を並べていきます。自社の取るべき施策や課題を俯瞰して分析できるツールです。

コンビニのおにぎりをテーマにした カスタマージャーニーマップの例

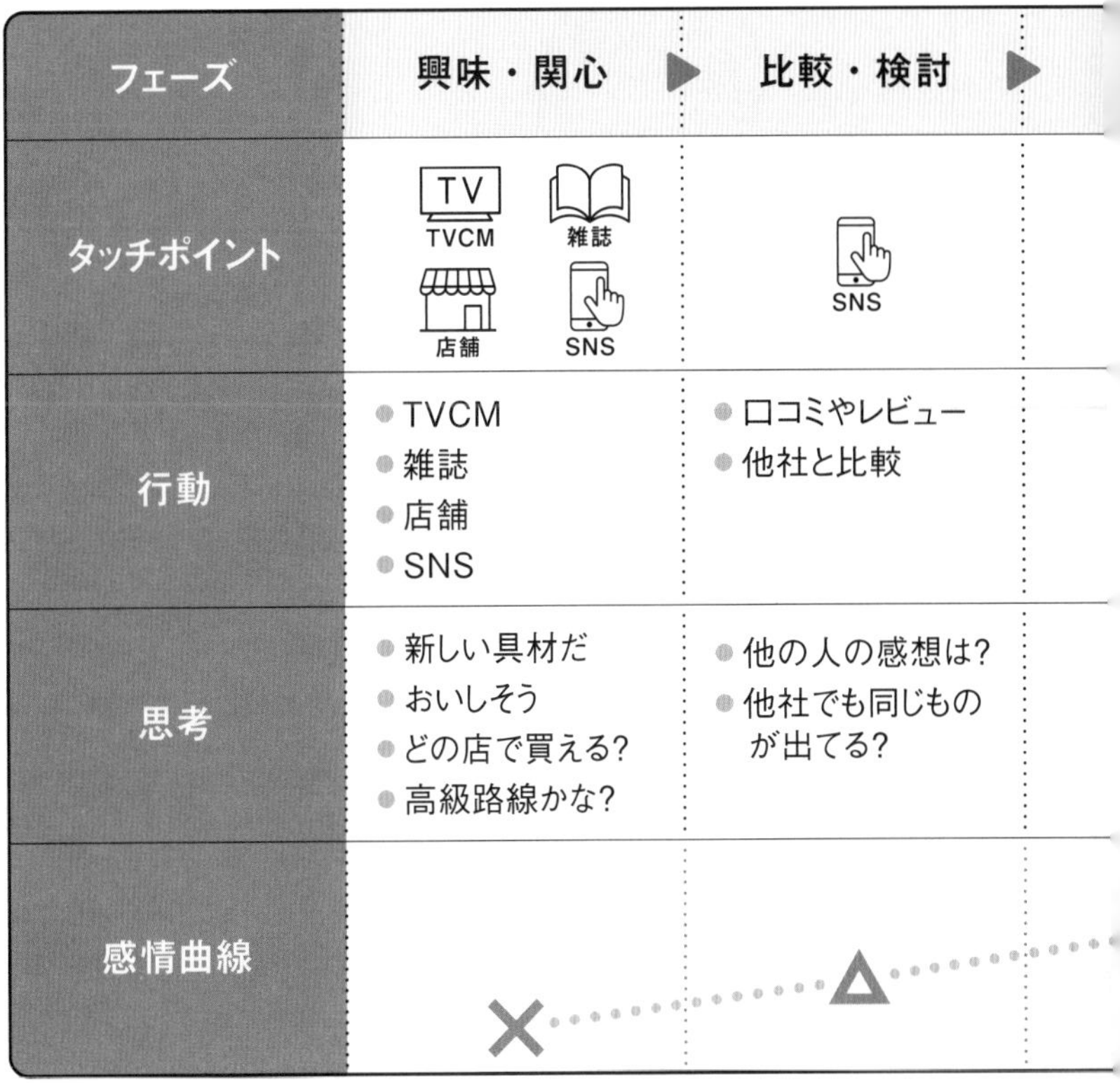

フェーズ	興味・関心 ▶	比較・検討 ▶
タッチポイント	TV TVCM 雑誌 店舗 SNS	SNS
行動	● TVCM ● 雑誌 ● 店舗 ● SNS	● 口コミやレビュー ● 他社と比較
思考	● 新しい具材だ ● おいしそう ● どの店で買える? ● 高級路線かな?	● 他の人の感想は? ● 他社でも同じものが出てる?
感情曲線	×	△

マーケティングの定石 6

4Pの一貫性が商品づくりのカギになる

#4P分析

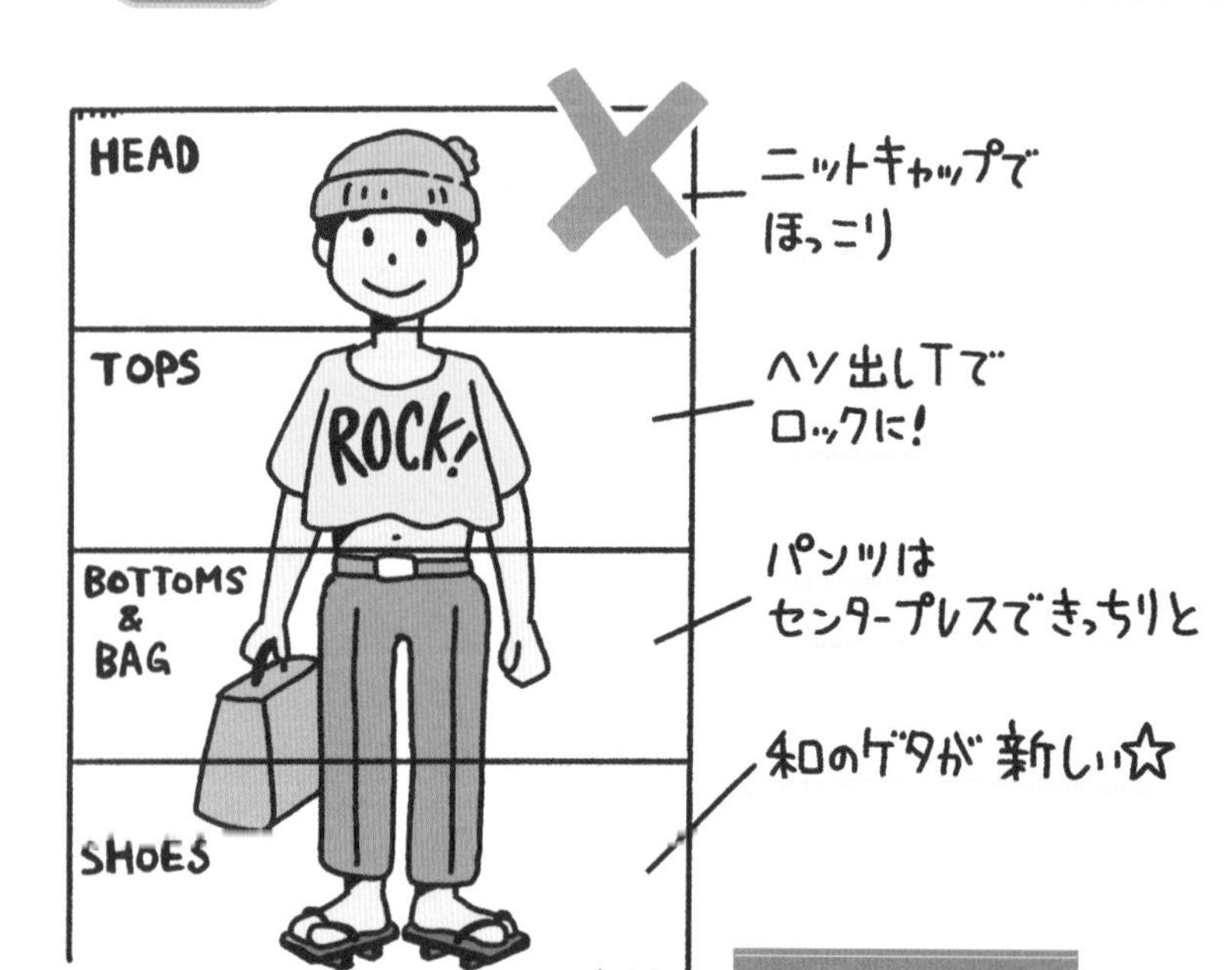

4Pをコーディネートする

4P分析は、自分の服をコーディネートするようなもの。4つのPから、自社のビジネス戦略を立てていきましょう。

ちぐはぐ…

Point 2

戦略を通しての一貫性が大事

4つのPはそれぞれに追求すれば良いものではありません。戦略全体での一貫性を持ってコーディネートを考えます。

Point 1

4P分析

4Pをコーディネートする

第1章で紹介した4P分析は、4つのP（製品、宣伝、流通、価格）をもとに、マーケティングの内容を決定していくもので、売り手目線で商品をトータルコーディネートしていくことが目的です。例えば、シニア向け商品なのにSNSやウェブサイトの活用が必要だったり、リピート重視の商品なのに新規の方が安かったりすると、せっかく良い商品ができても、買い手には受け入れられません。4つのPをそれぞれに整理しながら、その関連性について見ていきましょう。

おにぎりの4Pを考える

製品（Product）	宣伝（Promotion）
どんなおにぎりを売る?（具材、こだわりなど）	どうやって知らせる?（口コミ、のぼりなど）

流通（Place）	価格（Price）
どこで売る?（店頭、宅配など）	おにぎりをいくらで売る?（高い・安い）

どんなおにぎりを売ればいい?

自社の強み・弱みを理解し、STPやペルソナ分析で自社が市場の中で取るべき戦略が見えていれば、あとは商品の売り方を具体的に考えていくステップに入ります。例えばおにぎりであれば、上図のような要素を組み合わせて商品の内容を決めていきます。ここでは、「こだわりの強い手づくりおにぎり」を軸にしてみます。

Point 2

4P分析

戦略を通しての一貫性が大事

4Pにおいてもっとも大事なのは、各要素＝戦術の「一貫性」です。例えば、価格は一般的に安い方が良いと思われがちですが、商品のブランディングや流通コストによっては、適した価格を買い手に理解してもらう必要があります。宣伝も、一概にテレビなどのマスメディアでCMを打つだけがすべてではなく、若年層に向けた商品なのであればウェブやSNSにフォーカスした方が費用対効果が高いといえます。マーケティング戦略には、一貫した視点が必要不可欠なのです。

全てが噛み合うことが重要！

4Pが合致すればより売れる商品に

市場分析の結果「素材にこだわった手づくりおにぎりを販売する」ことに決めたと仮定します。価格を安易に低く設定すれば原材料の質を落とさねばならず、一般的なおにぎりと同一視されてしまいます。流通も、新商品なのにウェブ販売のみでは手にとってもらえません。個々の戦術を最適化するのではなく、全体を通した視点が必要です。

マーケティングの定石 7

顧客目線に沿って商品を精査する

#4C分析

Point 1

顧客視点でのコーディネート

顧客は自社に求めるものについて、商品内容だけでなく顧客価値や利便性、コスト、コミュニケーションも考えてみましょう。

Point 2

顧客の考えを勝手なイメージで決めない

顧客の視点を考える際、
「なんとなくそう思う」は危険です。
できるだけ具体的な数字やデータから判断しましょう。

Point

1

#4C分析

顧客視点でのコーディネート

顧客視点での分析といえば、4Pと対の関係にある4C（顧客価値、コスト、利便性、コミュニケーション）が重要になるのは前章でも学びました。

先ほどのおにぎりの例を見れば、製品と対になる価値は、「おにぎりを購入した時に顧客が得られる（経験できる）価値」となります。これは美味しさはもちろん、目新しさや満足感などを含む幅広い考え方です。価格についても、顧客のコストと捉えれば、顧客の経済状況など、背景についても考慮することが必要になります。

おにぎりの特徴

4P（売り手目線）			4C（顧客目線）
原材料のこだわり 手作り	製品	価値	作りたて 美味しい（特別感）
高級路線 （利益を考慮）	価格	コスト	日頃購入しやすい 価格帯がいい
店内で販売 宅配販売	場所	利便性	宅配や出張販売が あるとうれしい
のぼりや口コミ 中心	宣伝	コミュニケーション	こだわりの ポイントを知りたい

4Pと4Cをおにぎりに当てはめてみよう

おにぎりを例に、もう少し4Pと4Cの考え方を比較していきましょう。両者は同じ要素を別の視点で見ていますが、売り手と買い手では目指すところや環境が大きく異なります。こだわりやアプローチ方法は企業のコンセプトに関わるものですが、顧客の層や求めているものをまとめ、整合性を取ることが成功への近道です。

Point 2

4C分析

顧客の考えを勝手なイメージで決めない

「Z世代は……」「高齢者は……」のように、顧客を漠然としたイメージで勝手に判断してはいけません。明確なターゲットを生み出すためには、具体的な数字やデータを揃え、それらをもとに考えていく必要があります。

マーケティングには、これまで紹介してきた3C、4P・4C分析、STP、SWOT分析などのほかにも、市場や顧客分析のためのさまざまなフレームワークがあります。マーケティングの考え方に慣れてきたら、ぜひ取り入れてみてください。

その他の分析ツールはこちら！

PEST 分析

政治、経済、社会、技術の 4 つの視点でマクロ環境を分析します。（地政学的な変化や世界的な経済不安、イノベーションなど）

GCS 分析

企業や顧客にとって身近な範囲であるミクロ環境をジャンル（食品業界など）、カテゴリー（男性向けなど）、セグメント（おにぎりなど）の3つの観点で分析します。

環境分析のためのさまざまなツール

マーケティングの基本は周りの状況を分析し、適切な戦略を練ることであり、そのためにさまざまな分析ツールが考案されてきました。実は3Cにも「協力者」を加えた4Cや「中間顧客」と「地域」を加えた5Cなどの派生系があります。この場合の4Cは、4Pから派生した4Cとは別物なので注意が必要です。

もっと深掘り！

買い手が本当に求めているものは何？

#ニーズ　#シーズ　#ウォンツ　#ベネフィット

「お腹が空いて何か食べたい」は漠然とした「ニーズ」であり、「おにぎりを食べたい」は具体的な「ウォンツ」になります。

売り手目線での価値が「シーズ」です。ドリルと穴で例えるなら、「モーターが強い」「充電が長持ちする」などのドリルの特徴がシーズに当たります。

買い手の求めているものを表すことばとして、「シーズ」「ニーズ」「ウォンツ」があります。シーズは売り手側が「自身が感じる価値」を他者に提示するもので、ニーズは買い手が「必要と感じている欲求」です。ウォンツは、より具体化されたニーズを指します。ニーズとウォンツを把握した上で、買い手にベネフィット（便益）を提供することが、売り手側から見たビジネスの根本です。

自社の商品を通して、何を提供するのか、その本質的な価値がベネフィットになります。おにぎりはあくまで商品であり、それにより買い手が何を得られるかがポイントになります。

もっと深堀り！

○○で成功したあの企業 ～マズローの法則編～

#マズローの法則

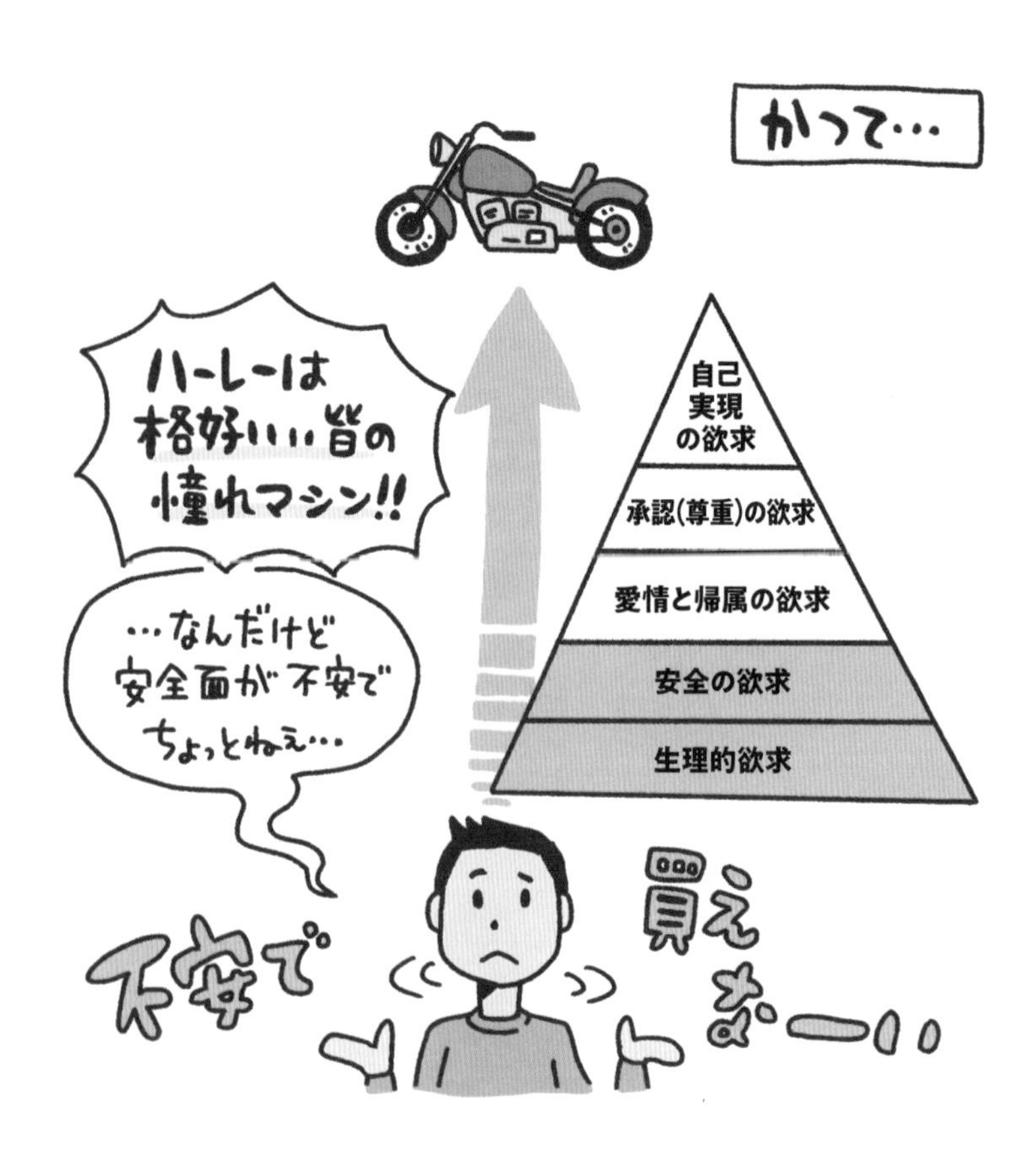

買い手が商品を購入しようと考える際、その動機は基本的な段階から高度なものへ、ピラミッド構造になっているとする「マズローの法則」という説があります。これによれば、**下段の基本的な欲求が満たされることで上段の欲求を意識するようになります。**買い手に商品やサービスを購入してもらうには、ピラミッドを登るように順に条件を満たしているか、確認して進みましょう。

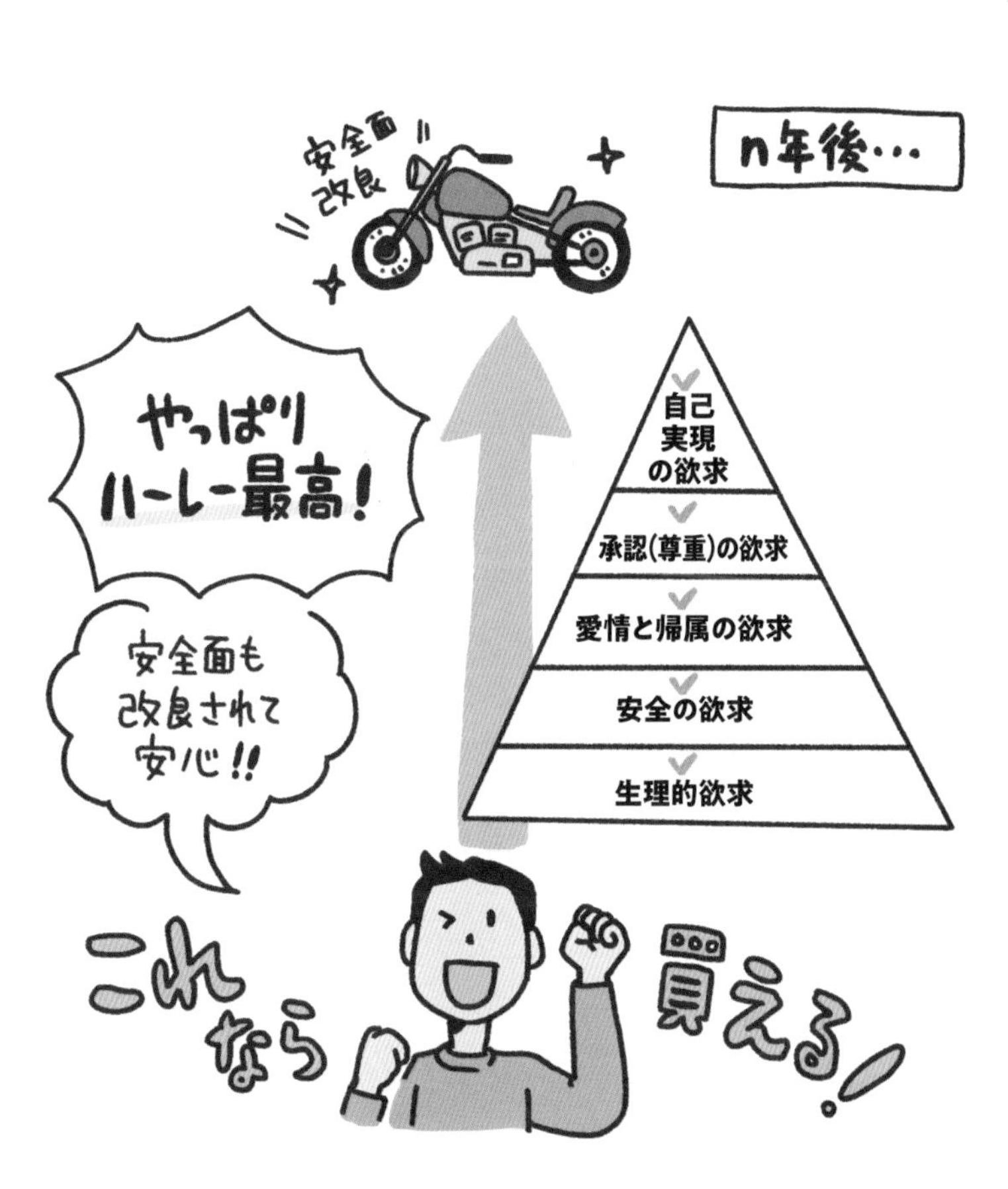

マーケティングの鉄則 8

マーケティングは事例とデータが必要不可欠！

#効果測定

Point 1

データをもとに振り返る環境をつくる

マーケティングの振り返りに数値・データは必要不可欠。そのためにはデータを運用する環境をつくりましょう。

Point 2

突破口は他社の事例にもあり

自社のマーケティング戦略に
行き詰まってしまった……
そんなときは他社の成功事例に
ヒントがあります。

Point 1

#効果測定

データをもとに振り返る環境をつくる

効果測定とは、お金や時間、労力をかけて行ったマーケティング施策の効果を具体的な数値データを用いて明らかにすることです。結果を有効活用するためには、組織が共通のデータを見ることが重要です。商品の販売数などを計測している企業は多いですが、詳細な分析のためには、多様な事業データが必要です。ＤＸ（デジタル化）を通して、情報の収集を効率化しましょう。また、「ＫＧＩ」「ＫＰＩ」といった指標から定点観測することも有効です。

データ運用の鍵①
社内のDXを進める

正確なデータを人力で集めるには、多大な労力と時間が必要です。一方、販売・業務管理にデジタルツールを導入すれば、自動的にデータをまとめてくれるので、その分時間をかけて分析や振り返りを行うことができます。

データ運用の鍵②
KGIとKPI

マーケティングで用いられる指標に「KGI」と「KPI」があります。KGIは事業の最終的な目標値であり、KPIはKGIを達成するための中間目標です。どちらも具体的な数字で表すことで、事業の現在の達成度を可視化できます。

- KGI
(Key Goal Indicator)
=最終目標達成指標
…自社の食品事業の売り上げを前年比 120% にする
- KPI
(Key Performance Indicator)
=重要業績評価指標
…1ヶ月のおにぎり販売数を 100 個増やす

Point
2
#効果測定

突破口は他社の事例にもあり

いかなるマーケティング戦略も必ず成功するという保証はありません。自社の事業を改善しようとしたものの、どうしてもうまくいかない……　そんなときは他社の事例を参考にしてみるのも一つの手です。**マーケティングは市場のあらゆる企業が日々行っているものであり、そこにはさまざまな工夫やアイデアが盛り込まれています。**自社と似た事業を行っている企業や短期間で成功を収めた企業など、参考になる事例があるはずです。さまざまな業界の企業に目を向けてみましょう。

事例は「環境」と「理論」に注目

事例を参考にする際は、その企業がどのように考えてマーケティング戦略を策定したのか、そのプロセスを学ぶことが大切です。そこでポイントになるのは、前提条件となる「環境」と使用した「理論（フレームワーク）」です。この2つを覚えておけば、自社をはじめ幅広い状況に応用することができるはずです。

もっと深堀り！

仮説思考で戦略的なマーケティングを

#仮説思考

仮説

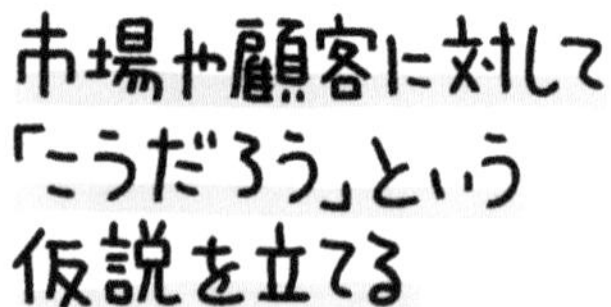

- この商品がほしがるのは男性だろう
- 市場全体としては成長している

調査

定量・定性調査を行う

- 顧客にインタビューする
- POSデータを分析する

マーケティング・リサーチのもとになるのは「仮説」です。「こうかもしれない」と思うことをデータで裏付け・検証し、また仮説を設定して調査をしていく。こうした考え方を「仮説思考」といいます。仮説思考で大切なのは、何度もプロセスを繰り返しながら、正解に近づいていくことです。PDCAサイクルと同じく、繰り返しの中で効率的かつ精度の高いリサーチが可能になります。

仮説思考は、セブン&アイ・ホールディングスの鈴木敏文名誉顧問が提唱した概念です。

仮説の中で修正が必要な内容を正す

- 女性の顧客も意識しよう
- ニッチなニーズにも応える

修正

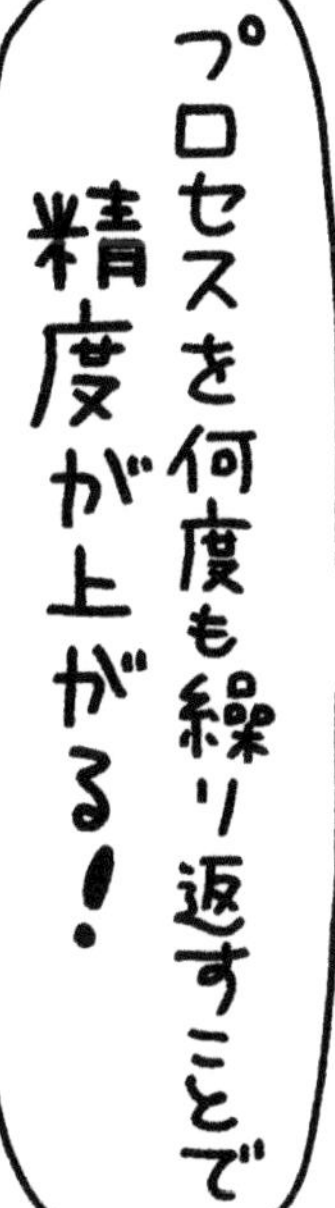

プロセスを何度も繰り返すことで精度が上がる!

検証

○×

集めたデータから仮説の内容を検証する

- 女性からのリアクションが多い

もっと深堀り!

3Cが変われば4P/4Cも変化する!

#3C #4P #4C

マイクロフリッジの商品戦略の流れ

SWOT 分析
- 電子レンジと冷蔵庫を合体
- 学生寮でのブレーカー火事の増加

この新製品は売れるに違いない!

3C 分析・STP
- 寮に入る学生の保護者が顧客

4P/4C 分析
- 流通は家電量販店がメイン
- コスト分、価格は少し高めに設定

全く売れなかった…… 良い製品なのになぜ?

3C 分析・STP
- 学生寮（大学）を顧客に再設定

製品は変えずに戦略を変更!

4P/4C 分析
- 学生寮はレンタルして使い回せる
- 一度に大量に取引できて効率的

現実のマーケティングでは、一度の試行で商品が売れることは多くありません。3Cや4P／4Cなどのフレームワークをいったり来たりすることがほとんどです。アメリカで販売された「マイクロフリッジ」もその例の一つ。マイクロフリッジは特徴のある商品でしたが、当初は全く売れませんでした。しかし、製品はそのままに顧客を再設定したことで爆発的なヒット商品になりました。

Column

2

マーケティングの偉人と理論をサクッとおさらい ～後編～

競争戦略論のパイオニア

マイケル・ポーター

プロフィール ＆ 主な理論

1947年、アメリカ生まれ。ハーバード大学B.W.ローレンス冠ユニバーシティ教授。競争戦略論のパイオニアとして、「ファイブフォース」や「価値連鎖」など多くの競争戦略分析枠組みを提唱した。著書『競争の戦略』は戦略論の古典として長きに渡り実務家に影響を与えてきた。

経済学の知見を経営学に援用し、競争戦略の分析枠組みを構築しました。さらに関連する事例研究も多数執筆して、実務家による理論実践を支援。当時のハーバード大学史上最年少で正教授となり、現在は特別な教授職に就任し、その貢献は内外で高く評価されています。

阿久津先生の
一口メモ

競争戦略論の大家であるマイケル・ポーターの初期の著作がマーケティングの流通研究だったことはあまり知られていません。ポーターはまた、競争戦略論から発展して国家の競争優位性に関する研究や企業による社会課題の解決方法についての研究などにも注力し、広い分野に多大な影響を与えています。

ブルーオーシャン戦略を提唱

W・チャン・キム

プロフィール ＆ 主な理論

1951年、韓国生まれ。フランスのビジネススクールであるINSEAD 名誉教授。INSEADブルーオーシャン戦略研究所の共同ディレクターを務める。INSEADの同僚レネ・モボルニュとの共著『ブルーオーシャン戦略』は世界的なベストセラーで、多くのマーケターが参考にしている。

世界経済フォーラムのフェローや多国籍企業の取締役なども務めています。著書『ブルーオーシャン戦略』でも提唱された「バリューイノベーション」は、新市場創造のための概念・手法であり、既存市場における差別化について詳説するポーターの戦略論を補完するものともいえます。

阿久津先生の
一口メモ

私個人的には、カーネマンがカリフォルニア大学に在籍時に直接教えを受けることができたことは幸運でした。当時カーネマンの共同研究者であったトベルスキーも近隣のスタンフォード大学におり、マーケティング分野でも彼らと共同研究をしている教員がいて、合同セミナーなどで活気に満ちていました。

行動経済学の創始者の一人

ダニエル・カーネマン

プロフィール & 主な理論

1934年、イスラエル生まれ。プリンストン大学名誉教授。心理学、認知科学と経済学を統合し、行動科学、行動経済学、実験経済学などの分野を切り拓く。ヒューリスティクス概念やプロスペクト理論の提唱者。著書に『ファスト&スロー』など。2002年ノーベル経済学賞を受賞。

プロスペクト理論をはじめ、意思決定におけるヒューリスティクスとバイアスや、ウェルビーイングにおけるピーク・エンドの法則など、カーネマンとエイモス・トベルスキーをはじめとする共同研究者による研究は、マーケティングの中でも特に消費者行動の分野に大きな影響を与えました。

阿久津先生の
一口メモ

カーネマン同様、セイラーの研究もマーケティング分野に大きな影響を与えました。ナッジ理論のほか、メンタルアカウンティング（心の家計簿）の理論など、マーケティングを考える上で大変有用です。彼の研究知見は、現実の消費者の意思決定が、いわゆる合理的な判断とはどのように異なるのかを教えてくれます。

ナッジ理論の提唱者

リチャード・セイラー

プロフィール & 主な理論

1945年、アメリカ生まれ。シカゴ大学ブース経営大学院C.R.ウォルグリーン冠行動科学・経済学特別教授。行動経済学の理論的な発展に貢献したとして、2017年にノーベル経済学賞を受賞。著書に『NUDGE 実践 行動経済学 完全版』『行動経済学の逆襲』など。

セイラーは、カーネマンとともに行動経済学の発展に寄与した功労者です。カーネマンとの共著論文も多数あります。彼の理論の中でもよく知られているのが「ナッジ」。人間の行動を変えるには、「肘で軽くつつく」ようなアプローチでも有効であり、その工夫が必要だとしています。

Marketing

第 3 章

先達に学べ!

日本の有名マーケティング戦略7選

日々ビジネスの現場で行われているマーケティング。
その最前線を知り、自社の事業に組み込んでいくためには、
優れた事例から学ぶのが1番です。
日本国内の優れたマーケティング事例を見ていきましょう。

この章でわかること

事例はアイデアの宝庫

自社の状況に合った
マーケティング理論を取り入れる

マーケティング業界は日進月歩、
常に最新の情報を集めよう

ングとは

学問である

マーケティ

「実践」の

これまで見てきたように、マーケティングにはさまざまな理論や考え方があります。戦略や戦術を立てたり、他社の事例を分析したりする際にこうしたフレームワークは重要です。共通の考え方があるから、比較や区別ができるのです。

一方で、マーケティングは実践によって進化を続けている分野でもあります。マーケティングの事例からは、最先端の手法や知識を効率的に学ぶことができます。市場の動向に目を向け、優れたアイデアを取り入れていきましょう。

自社の特徴を最大限生かす経営コンセプト

#SWOT #3C #STP #経営戦略

Point 1

運営事業に特化し、コンセプトを明確化

建物や土地によらず、リゾート運営事業に注力する星野リゾート。自社の強みを価値提供の中心に置き、経営戦略を進めています。

Point 2

6つの小市場をターゲットに！

STPのセグメンテーションで目指すべき市場を具体化することで、自社の取るべき戦術がよりわかりやすくなります。

2022年、アフターコロナを見据えた新マーケティング戦略として、「6つの小市場」をターゲットに設定。

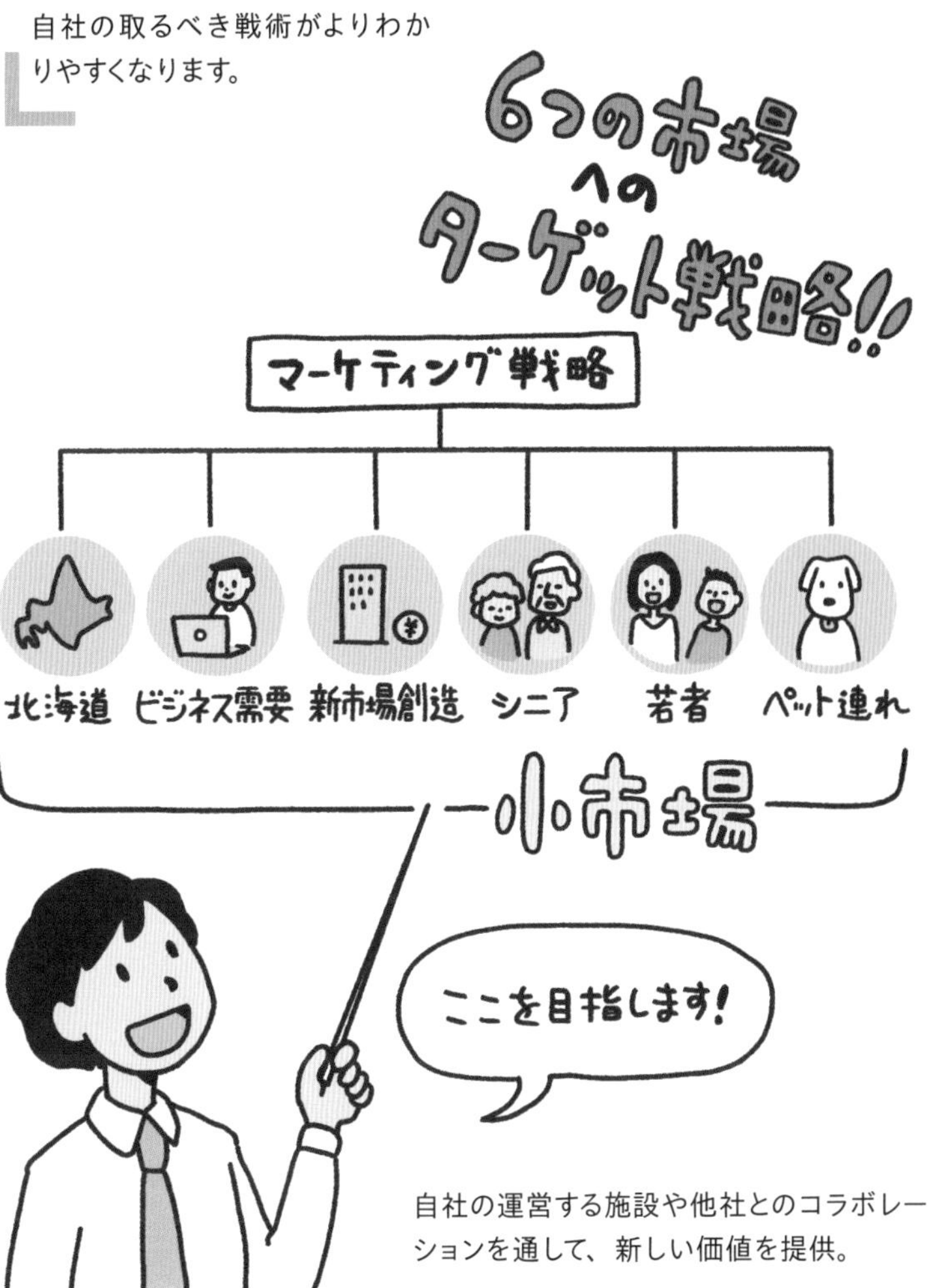

自社の運営する施設や他社とのコラボレーションを通して、新しい価値を提供。

Point 1

運営事業に特化し、コンセプトを明確化

温泉旅館からスタートし、百年以上の歴史を持つ星野リゾート。競合と比較して不動産資産が少なかった同社は、その「弱み」を逆手に取り、顧客への価値提供をコンセプトにして、多様な顧客ニーズに細やかに対応できるサービスを用意。この経営戦略により、コロナ禍という危機の中でも運営施設数は拡大しました。

付加価値を最大化するための顧客ニーズ別コンセプト

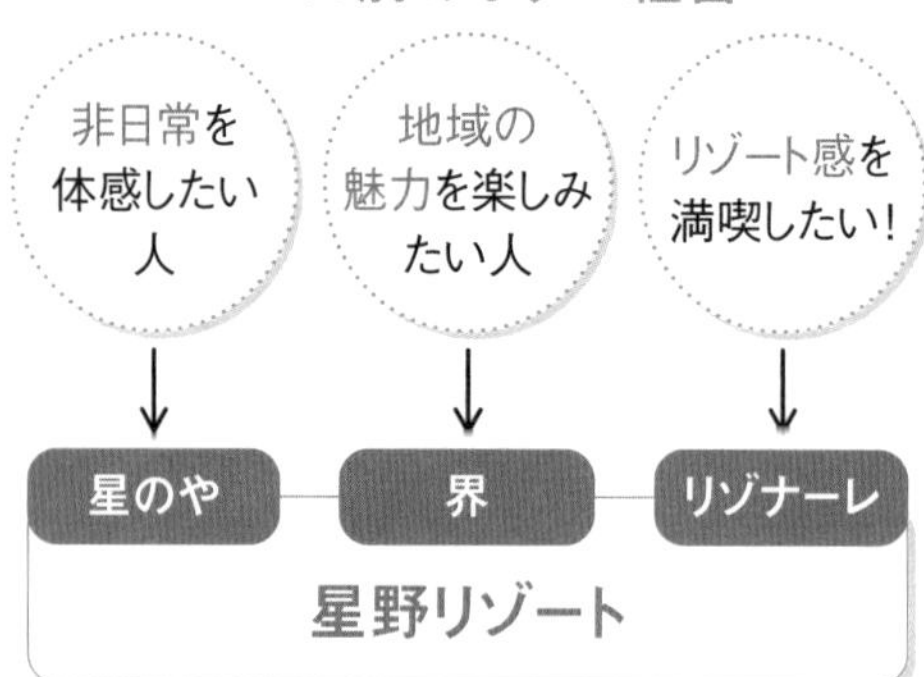

コンセプト分けでターゲットを広げる

星野リゾートは、主に「星のや」「界」「リゾナーレ」の3つのコンセプトでホテルのサービスを運営しています。観光客の多様なニーズに沿ったブランド展開は、リゾート運営を専門とする星野リゾートならではの戦略といえます。変化するニーズを分析し、それをもとにフレキシブルにサービスに反映していくことが、同社の差別化のポイントです。

Point 2

6つの小市場をターゲットに！

事業規模が大きくなればなるほど、グループ全体で統一された経営を行なっていくのが難しくなります。経営戦略を統一していくためには、STPなどを通して明確になった自社のブランド像から、具体的な戦略を組み立てる必要があります。星野リゾートでは、下記のように6つのターゲットが発表されています。

経営戦略①
6つの小市場

星野リゾートが目指す小市場として、2022年に設定された6つのターゲット。リゾート運営の大きなコンセプトだけでなく、今後獲得を目指すべき層を明確に設定することで、現場でのサービス開発や設計などもスムーズになり、自社の経営理念を隅々まで浸透させることができます。

6つの小市場

- 北海道
- ビジネス需要
- 新市場創造
- シニア（70歳以上）
- 若者層
- 愛犬家

経営戦略②
サブスクリプション

星野リゾートは、他社のサービスと連携して、自社で運営するホテルへの宿泊など、一部のサービスをサブスクリプション（定額制）の対象としました。一般的にサブスクリプションサービスへの参加は、自社のサービスをより幅広いユーザーに使用してもらう大きなチャンスになります。

Case Study 2

ドン・キホーテの事例

徹底した「ユニークさ」で競合の追随を許さない

#差別化戦略
#ファイブフォース分析

Point 1

多様な側面からの差別化

自社の製品やサービスを利用してもらうためには、差別化が重要です。サービスはもちろんキャラクターやBGMも活用しましょう。

Point 2

差別化戦略とコストリーダーシップ戦略

ドン・キホーテは、徹底した「差別化戦略」と同時に、コスト面で競争優位性を発揮する「コストリーダーシップ戦略」もとっていました。

安くてなんでもある！

独自のキャラクターやコーポレートカラーを打ち出し、ひと目で分かる外観を意識。

先が見えないように棚を高くしたり、商品の配置を工夫することで、顧客のワクワク感を演出する「圧縮陳列」。

Point 1

多様な側面からの差別化

年々増加傾向にある小売業の売り場面積。顧客に店に訪れてもらうためには、サービスやイメージで他店との違いを印象づけなければなりません。ドン・キホーテは、品揃えや安さ、営業時間、BGMなどでユニークなポジションを確立しました。競合との違いをさまざまな形で打ち出すことを「差別化戦略」といいます。

ユニークさを追求する方法は一つじゃない!

サービスだけでなく、イメージも大切

「差別化戦略」をマーケティング活動で推進する際には、4P全体を見渡してみましょう。ドン・キホーテは、商品のディスカウントや深夜営業、独自に開発した圧縮陳列やイメージキャラクター・BGMなどを総動員して、徹底的に差別化を行いました。

Point 2

差別化戦略とコストリーダーシップ戦略

業界全体や業界内の特定ポジションの収益性を分析する手法である「ファイブフォース分析」。収益性に影響を与える要素として、下図のように「新規参入の脅威」「供給業者の交渉力」などがあります。ドン・キホーテがスゴイのは、その「ユニーク」なポジションが差別化とコストリーダーシップを同時に達成していることです。

ファイブフォース分析で自社の利益を守る！

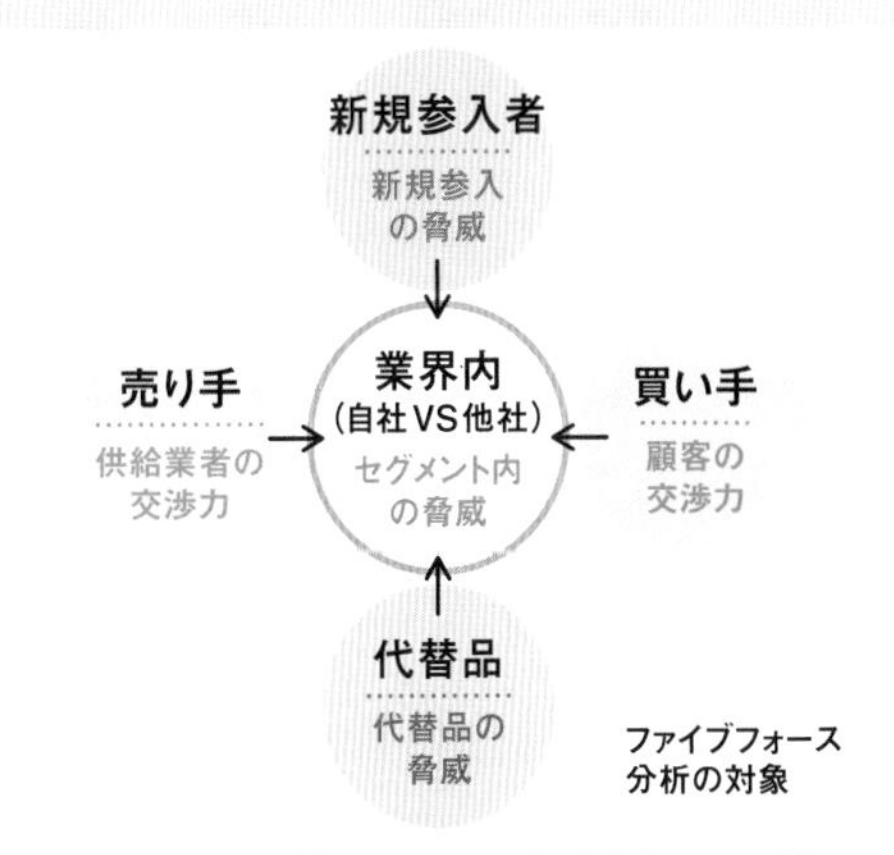

自社の優位性を揺るぎないものに

ファイブフォース分析を使ってドン・キホーテを見てみると、アミューズメント性などで差別化を行い、小売業界内で独自の地位を築いてきたことがわかります。また、大量仕入れや店舗運営の工夫によるコスト面での優位性（コスト・リーダーシップ）も確保しており、2つの優位性を両立することにより高い収益性を享受しています。

メルカリの事例

メルカリ大躍進の裏側にある物流管理

#4P #4C #ロジスティクス

Point 1

フリマ=面倒というイメージを覆す

アプリ一つで誰でも利用できるメルカリ。買い手と売り手、双方の利便性をプラットフォーマーとして担保しています。

Point 2

コンビニだけで完結するサービス

梱包資材の販売や商品の発送をコンビニに集約。また、決済サービスも取り入れることで、生活に欠かせないサービスに。

買い手と売り手をつなぐプラットフォーマー

メルカリ

Point 1

フリマ＝面倒というイメージを覆す

メルカリのように、取引の場（＝プラットフォーム）を提供する場合、利用者である買い手と売り手、双方の視点で4Cを高めていく必要があります。メルカリは、取引を手軽に行えるようにするために、アプリでの手続きや物流（ロジスティクス）を整備し、利便性やコストの低さで多くの利用者を獲得しました。

安心して手軽に使用できるサービスで利用者を増やす

利用者が増えることでサービスが充実

利用者同士で商品の売買を行うメルカリ。出品者と購入者、双方にとっての費用（コスト）を低減し、利便性を向上させたことで、現時点で累計利用者数が4,800万人を超える巨大プラットフォームとなりました。利用者の増加は、プラットフォームの要である出品の豊富さを実現し、メルカリ自体の価値向上につながっています。

Point 2

コンビニだけで完結するサービス

現在、メルカリのサービスの多くは、コンビニで完結するようになっています。荷物の発送・受取や、梱包材の購入も可能です。また、決済サービス「メルペイ」の導入など、**物流・決済の両面で日常の中に溶け込んでいます。**複数の領域から4Cを見直していくことで、自社のファンを獲得することができるのです。

ロジスティクス・決済など サービスの利便性がカギ

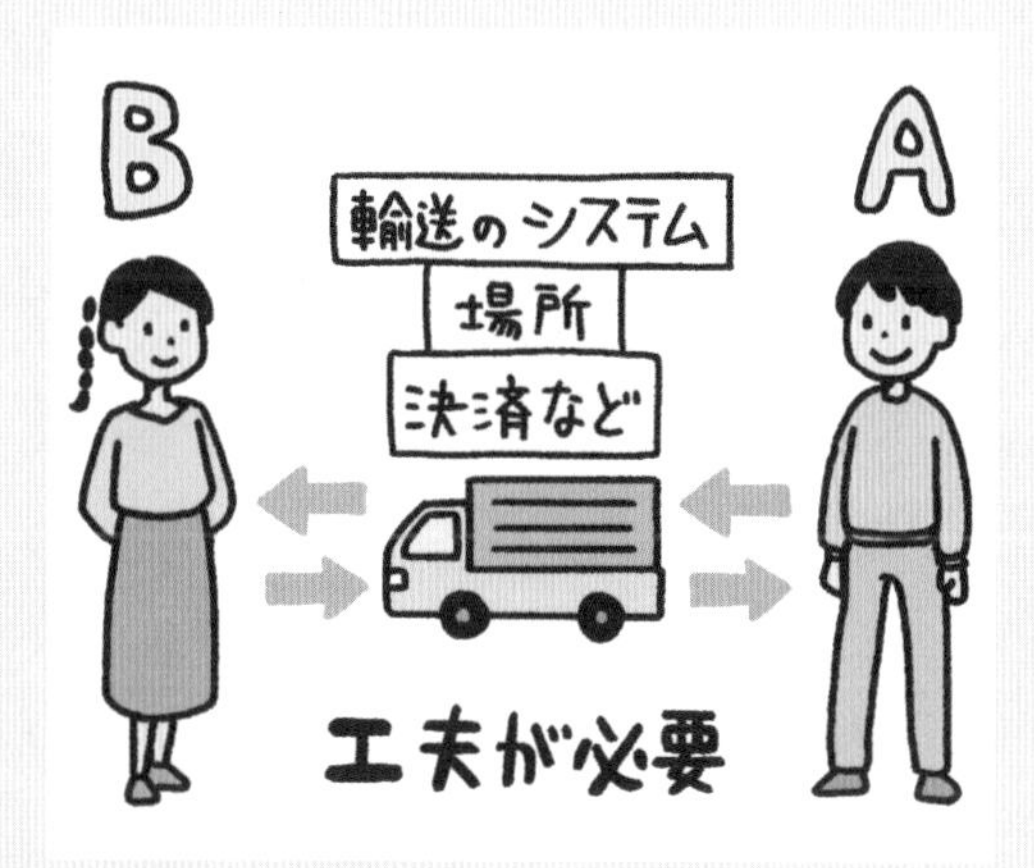

利用者の視点に立ってサービスを設計

より多くの人にサービスを利用してもらうために物流（ロジスティクス）の流れを整備することは、4Cの戦略でも重要な視点になっています。サービスの入口は身近に、受取はできるだけ簡単に設計することで、利用者のコストをできる限り減らすことができます。また、電子マネーなどの多彩な決済方法の準備も、近年欠かせない要素といえます。

バンダイの事例

一大ブームの失敗経験から ロングセラーになった「たまごっち」

#ブーム #メディアミックス

Point 1

ブームを冷静に受け止める

どれほど社会的にヒットした商品でも永遠に売れ続けることはありません。ブームの影響を冷静に見極めなければ、マイナスの結果になることも。

Point 2

ニーズを見つめ直して ロングセラーに

再び訪れたブームの中で、たまごっちはターゲット層や機能を戦略的にコントロールすることで、長く愛されるロングセラー商品として生まれ変わりました。

今度はブームに振り回されない！

Point 1

ブームを冷静に受け止める

発売後ほどなくして、社会的なブームになったバンダイの「たまごっち」。当初ターゲットとして想定していた高校生だけでなく、幅広い層から人気を博しました。しかし、ブームは売り上げの変化が急激で、戦略的に対応できないと在庫品のリスクも大きくなります。ブーム後を見据えた長期的な視点が必要といえます。

製品ライフサイクルで測りづらいブームの動き

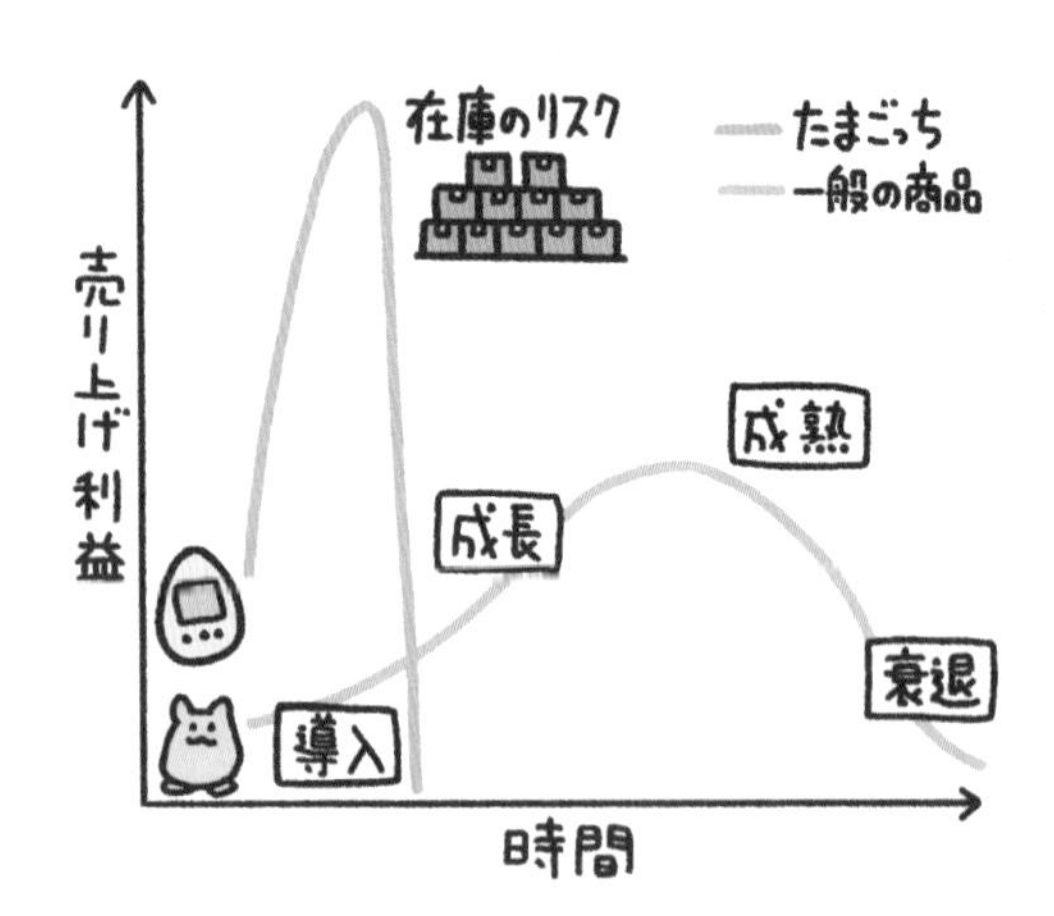

導入～衰退が一気に訪れる

商品には「ライフサイクル」があり、それぞれのフェーズで投資や撤退などの判断を行うことで利益を最大化することができます。しかし、たまごっちのように一瞬のブームによって売れた商品の場合、生産が間に合わず、追いついたときには手遅れということも。こうしたブームをいかにコントロールし、息の長い商品にできるかがマーケターの仕事です。

Point 2

ニーズを見つめ直してロングセラーに

2度目のブームを迎えた「たまごっち」。STPや4P／4Cを突き詰めた結果、「お世話をして成長させる」という深いニーズに立ち返ります。小学生をメインターゲットに、時代にあった新たな機能や要素を追加したり、メディア戦略を変えたりしたことで、一過性のブームに留まらない息の長い商品になりました。

戦略①
時代に合わせた機能

同じ商品でも、ターゲットとする顧客の世代が変われば、新たな商品として受け入れられる可能性があります。たまごっちも、マッチングアプリ機能やフードデリバリー機能など、現代社会を反映した要素を追加。また、平成レトログッズの一つとしてもZ世代から注目を集めています。

戦略②
メディアミックス

たまごっちの人気の理由は、かわいらしいキャラクターにあります。発売当初からテレビアニメや家庭用ゲーム、漫画などさまざまなメディアを通じた展開が行われてきました。一度ブームを終えた商品が、別メディアから再注目されてブームになるケースも多く、有効な戦略となっています。

サントリーの事例

粘り強いリサーチから生まれた「働く人の相棒」BOSS

#定性調査
#定量調査
#マーケティングリサーチ

長距離トラックの助手席に乗るなどして、顧客のニーズを把握。

Point 1

独自のリサーチでニーズを深掘る

リサーチには「量」と「質」の両方が必要。データだけでなく、買い手の中に飛び込んでいくことも大切です。

Point 2

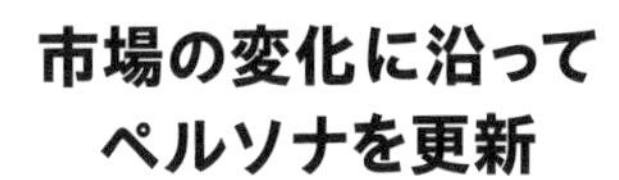

ロングセラー商品では、市場や消費者のニーズの変化に対応するために、思い切ったペルソナの変更も必要になります。

持ち運びやすいペットボトル、さわやかな味わい、紅茶や抹茶ラテの展開など、従来のファン以外にも響く商品に。

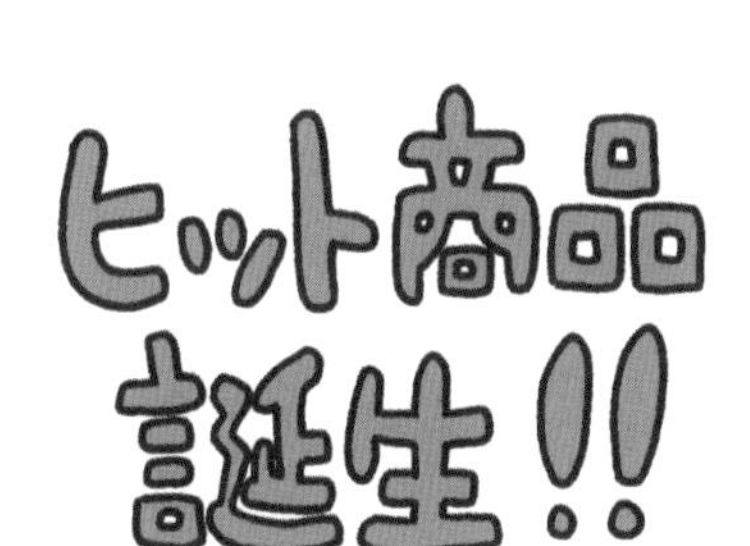

Point 1

独自のリサーチでニーズを深掘る

BOSSは、1992年に発売が開始されたサントリーの缶コーヒー。商品開発時には、ターゲットである長距離トラックの助手席に座り、顧客の生のニーズに触れるなど、徹底的な市場調査が行われました。その結果、「働く人の相棒」というコンセプトと、親しみやすいあのブランドシンボルが生まれました。

リサーチ方法①
定性調査

定性調査とは、インタビューや座談会、顧客の行動観察、自由回答調査など、数字によらない顧客の情報を集めるためのものです。顧客の生の声を集めることで、自社の問題点を洗い出したり、市場のニーズを把握したりするために行われます。

定性調査の例

- インタビュー
- 座談会
- 行動観察
- ワークショップ
- オンライン上のコミュニティ調査

リサーチ方法②
定量調査

定量調査とは、数値などのデータを大量に集め、それらを統計的に分析するものです。ある現象の概容や、全体の動向を明らかにすることができます。結果が数値としてわかりやすく見えるので、顧客の意識やニーズを客観的な視点から把握できます。

定量調査の例

- ウェブアンケート
- 電話・訪問調査
- 会場調査
- 郵送調査

Point 2

市場の変化に沿ってペルソナを更新

ロングセラーとなったBOSSですが、その後コンビニコーヒーなどの台頭により市場は激変。サントリーは「働く人」のペルソナを更新し、現代社会に沿ったオフィスワーカーの姿を再設定しました。その結果生まれたのが「クラフトボス」シリーズ。ブランドの本質はそのままに、新しい顧客層を開拓しました。

各企業のペルソナの例を見てみよう!

Soup Stock Tokyo（秋野つゆ）

37 歳 OL、装飾性よりも機能性重視、フォアグラよりレバーが好き　など

MEN' s TBC

20歳大学生、三軒茶屋のワンルームマンションに在住

アサヒビール（アサヒクールドラフト）

年収 900 万円の 44 歳、家族持ち（妻と子ども２人）、自営業の男性

具体的に設定することで戦略が明確に

ペルソナの設定は、消費者のニーズを捉えていくうえで欠かせないプロセスです。上記の例のように、その属性や特徴が明確であればあるほど、そこから逆算してニーズに沿った商品戦略を立てることができます。また、わかりやすいペルソナは社内の戦略を共有する際にも、大きな手助けになるはずです。

Case Study 6

自社ならではの戦い方で大手企業と並び立つ！

#ランチェスター戦略

Point 1

強力な競合他社には一点で立ち向かう

競合他社が市場の中で強い地位を持っている場合、エリアやサービスを限定してリソースを投入するなどの戦略が必要です。

Point 2

磨き上げた武器で ポジションを確立

自社の武器ができたら、そこから市場でのポジションを確立。ここではじめて、大手他社と肩を並べることができます。

進出範囲を絞って一点突破!

格安航空券や特定の国・地域など、サービスの範囲を限定。

競合に負けない規模に成長

限られた範囲から徐々に立場を確立する。

Point 1

強力な競合他社には一点で立ち向かう

旅行業者であるHISは、海外旅行のツアーを販売し始めた際、大手の豊富な取り扱いに対抗するための武器を探していました。**そこで取ったのが、「格安航空券」と「特定エリアへの集中」の戦略。**7年もの間、メディアの取材も受けずに、こっそりとバリ島やタイなどのエリアでナンバー1の地位を築き上げました。

弱者が取るべきランチェスター戦略の秘密

すべてで勝ちを狙わず、リソースを集中

ランチェスター戦略とは、別名「弱者の戦略」とも呼ばれます。自身より強力な競合他社に立ち向かうためには、正攻法ではなく、「一騎打ち」「局地戦」「接近戦」など工夫をこらす必要があります。HISの例でいえば、エリア別の小さな区分（セグメント）に一点集中し、局地戦を行うことで、徐々にシェアを広げることができました。

Point 2

磨き上げた武器でポジションを確立

徐々に海外旅行ツアー業界の中で知名度を上げていったHIS。成長を続けていき、格安航空券では業界上位の企業となると、一気にメディアにも露出し、かえって目立つ戦略を取るようになりました。これにより、後追いで格安航空券に参入した他社をも振り払い、その地位を揺るぎないものにしたのです。

目立つことと目立たないこと 使い分けのポイントとは

「奇襲」も重要な戦略の一つ

HISは、格安航空券の分野で上位の地位を得るまで、メディアへの露出を極力控えていました。これは、自社の戦略を他社に真似され、結果的により多くの競合と戦うことになるのを避けるためです。逆に、自社に有利なポジションを築いた段階で一気に知名度を上げていくことで、築き上げたポジションを維持することができます。

QBハウスの事例

QBハウスは豊かな「青い海」を目指した!

#ニーズ

#ブルーオーシャン

#レッドオーシャン

Point 2

未開の市場で先行者優位を得る

QBハウスのように競合他社の少ない新しい市場に積極的に乗り出していく戦略を「ブルーオーシャン戦略」といいます。

QBハウスが目をつけたのは手軽に髪を切りたいという未開拓の小島=ニーズだった。

Point 1

開拓されつくした市場は自由度がない？

「髪を切る」というサービスは、美容室や町の床屋などで昔から行われており、今さら差別化は難しいと考えられていました。

Point 1

開拓されつくした市場は自由度がない？

「髪を切る」というサービスには長い歴史があり、美容室や町の床屋など、すでにさまざまな事業者がひしめきあっていました。こうした市場は「レッドオーシャン」と呼ばれています。その中でQBハウスの創業者は自身が求める「手頃な価格で短時間でカットしたい」というニーズを満たすべく新規参入をします。

開拓されつくした市場「レッドオーシャン」

レッドオーシャンの難しさとは

競合他社が数多く存在するレッドオーシャンでは、すでにさまざまな差別化戦略や価格戦略が行われており、そこで新たに自社ならではの戦略を設定し、高い利益を上げていくには、独創性の高いアイデアと価格競争力が必要になります。それらを十分に用意したとしても効率がいいとはいえず、積極的に挑戦すべき市場とはいえません。

Point 2

未開の市場で先行者優位を得る

QBハウスが開業当初に掲げたのは「10分一千円カット」というコンセプト。眠っていた顧客ニーズを発掘したことでレッドオーシャンを抜け、手軽なカット専門店という**新しい市場を開拓しました。これを「ブルーオーシャン戦略」といいます**。その後もサービスの充実を通して市場のトップを走り続けています。

可能性に満ちた新たな市場「ブルーオーシャン」

なぜブルーオーシャンを目指すべきか

オペレーションやイメージの問題から、既存の美容室が「10分一千円カット」をまねすることは容易ではありません。このように、ブルーオーシャンには、「既存企業」が入り込めないことが多く、開拓した当初は競合もいません。仮に新規参入業者が増えたとしても、ノウハウの蓄積や最適化されたサービスの競争力があれば、先行者優位性を保てます。

Column

3

「三方よし」は日本古来のマーケティング

近江商人の理念「三方よし」とは

世間（社会）

地域環境・地域社会・コミュニティ

世間よし
＝商売を通じて
地域活性化に
貢献する

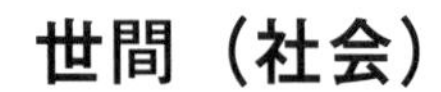

買い手

消費者など

売り手

企業など

価値交換

買い手よし
＝良いものが
安く手に入る

売り手よし
＝利益が出る

中世から近代にかけ、関西を中心に日本全国で活動した近江商人。彼らの商売の中心には「三方よし」という理念がありました。売り手と買い手だけでなく、商売を通じて社会に貢献する姿勢は、ＣＳＲ（企業の社会的責任）の先駆けともいえます。このように、伝統的な「日本的経営」の特徴の中には、マーケティングの中で見直されているものがあります。

再評価される終身雇用制度

終身雇用のメリット

- 長期的観点からの社員の育成
- 自社ならではの技術や文化の醸成
- 社会情勢の変化が起きた場合の雇用の安定化

一人の社員を定年まで雇用する「終身雇用制度」は日本的経営の代表的な特徴であり、1990年代初頭のバブル崩壊以降、コスト面や人材の流動化の側面からそのデメリットが語られてきました。しかし近年、企業文化の醸成や人材マネジメントといった面でメリットも見直されており、またコロナ禍での安定的な雇用の維持など、その社会的な役割の重要性も語られています。

名刺交換によるコミュニケーション

名刺の活用法

- 顧客データとしての社内管理
- 見込み客の設定
- メールマーケティングの実施
- マーケティングの自動化

日本でビジネスを行う場合、初対面では名刺を交換するのが一般的です。その際、渡し方やテーブルでの置き方など、細かいマナーがありますが、海外では連絡先を渡すための紙切れほどの扱いであり、挨拶や握手の方が優先されます。しかし、名刺を通じたコミュニケーションの活用の幅は広く、交換相手に一斉にメールを送るなど、デジタルを活用した管理や顧客見込みの層への直接的なアプローチに活用することもできます。

Column

4

マーケティングの基礎分野と隣接分野

＼ベースとなる基礎学問の例／

経済学

ミクロ・マクロの
視点からビジネス
環境を分析する

社会学

社会の視点から
交換に係る慣習や
規範を分析する

心理学

買い手の行動を
実験的手法で
明らかにする

統計学

データから意思決
定に必要な情報を
抽出する

極めて実践的な学問であるマーケティングは、経済学･心理学･統計学といった基礎学問の知識をベースに、それらを応用しながら理論構築がなされています。一方で、マーケティングの本質でもある「WinWin の交換関係の構築」を突き詰めた分野である「交渉論」は、マーケティングがビジネスの現場で活用されているのに対して、政治や軍事といった多様な文脈で応用されています。

ビジネスの現場で活用!

マーケティング

売り手と買い手、双方がWinWinとなる交換を成立させる

より広い分野に応用

交渉論

両者の条件をすりあわせ、より良い結果を生み出すためのプロセス

マーケティングは基礎学問の知識を応用して実践的な知識を創造する学問。

状況に応じて取り入れる!

本質はプラスを生み出すこと

マーケティングも交渉論も、お互いに損をしない取引が前提条件。

時代の変化に適応する

最先端のマーケティングを学ぶ

現代の市場において、企業は単にビジネスを行うだけでなく、
どのように社会に貢献するのかが問われています。
変化する社会や市場に対応するために、「ブランド」と「デジタル」、
2つの軸から最新のマーケティング手法を考えていきましょう。

この章でわかること

企業の存在意義の発信が不可欠

ブランドは包括的なコミュニケーションでつくる

デジタルの強みである
拡散力とリアルタイム性を生かす

現代マーケティングの2つのキーワード

「ブランド」とは、商品を指し示す名称や言葉、記号のことです。その基本は、買い手に自社の商品を競合のものと識別・認識してもらうこと。ブランド論の大家として知られるデービッド・アーカーは、商品そのものだけでなく、それに関連して想起される企業や社会、人物など、さまざまなイメージのつながり、つまり「連想」がブランドの価値の源泉だといいます。商品名やロゴに結びつく連想をうまくマネージすることが現代マーケターには求められます。

ブランドとデジタル

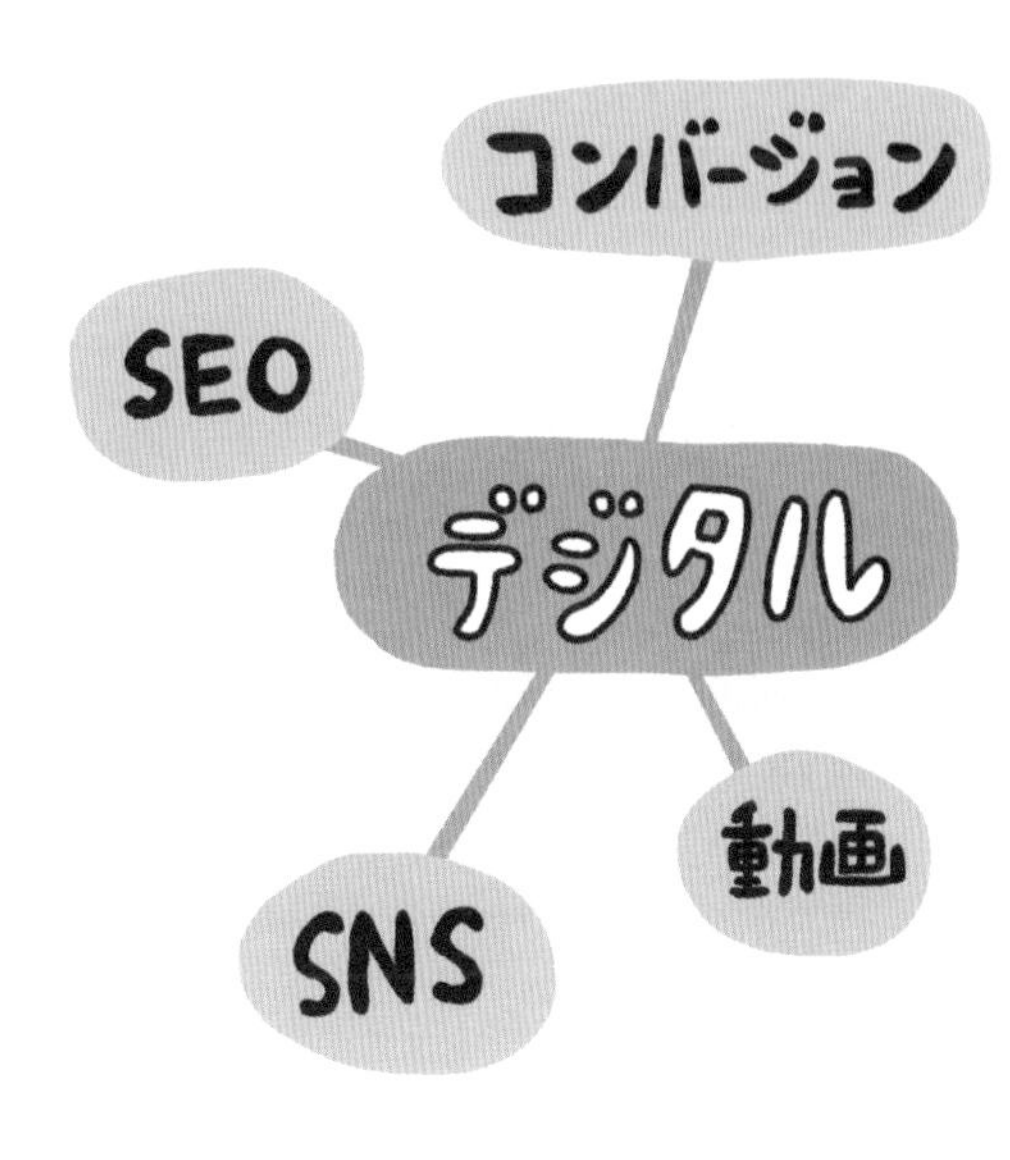

また、現代社会にはさまざまな「デジタル」ツールがあふれています。それらを組み合わせ、確かなデータをもとにビジネスを進めていくのも現代マーケターの必須スキルです。

現代マーケティングはさらに進み、「環境問題」や「持続性」、さらには「AIの活用と制御」といった新しい課題への対応が求められています。市場の動きに取り残されないよう自社の戦略を刷新していくためにも、常に最新の手法に意識を向けましょう。

最先端のマーケティング

1 現代市場では「存在意義」が必要

ビジネスの前提条件は時代とともに変化する

#SDGs #ESG経営

POINT1

【 SDGs 】

環境問題や社会問題を解決し、2030年までに「持続可能な社会」を実現するために設定された17の開発目標。

社会貢献もマーケティングの必須課題に

環環境問題の解決や、働き方の改善、多様な人材の活躍推進、国際紛争など、ビジネスに求められる役割はより広く、大きくなりました。**SDGsやESG**経営はその一例といえます。これからの市場では、企業は自社の存在意義（＝パーパス）を明らかにして、それに沿ったマーケティン

POINT2

【 ESG経営 】

環境・社会・ガバナンスの3つの
要素を重視する経営方針のこと。
事業の運営とともに、
企業の対応が求められています。

グをすることが必要です。市場に参加するためには、広く社会にとって「善い」存在であることが必要不可欠なのです。それを実現するうえで、自社のパーパスにもとづいたブランドメッセージを、最新のデジタル技術を活用しながら効果・効率的に発信し、広く社会から受容され、共感されることがとても重要になります。

Point 1

SDGs対応はもはや当たり前のこと!?

市場は一気に変化する

メディアを通じて一気に普及したSDGsの概念

気候変動をはじめとするさまざまな社会問題が深刻化するにつれて、メディアでもさかんに取り上げられるようになり、今では一般的な概念になったSDGs。ビジネスを行う中でも、SDGsを経営方針に取り入れ、**自社の取り組みを積極的に発信することが必要です**。SDGsに向き合い、成果を出していることは、自社にとって有効なブランディングにもなるのです。

Point 2

ESG経営に積極的に取り組む理由

より良い社会を実現するために

一緒に社会をつくる責任があります
なんで入られへんねん！
市場
NO ESG
消費者

ESG経営は市場参加のパスポートになる

環境・社会・ガバナンスという3つの観点に配慮した事業を行うべきとするESG経営。SDGsとの違いは、投資の基準として注目されている点です。つまりESG経営を取り入れない企業は、広く社会にとって好ましくない企業と判断され、市場での地位や信頼を失ってしまうのです。自社と社会、双方にとっての「サステナビリティ（＝持続可能性）」が問われています。

もっと深掘り！

SDGsへの取り組みが企業の価値を高めた

#SDGsブランディング

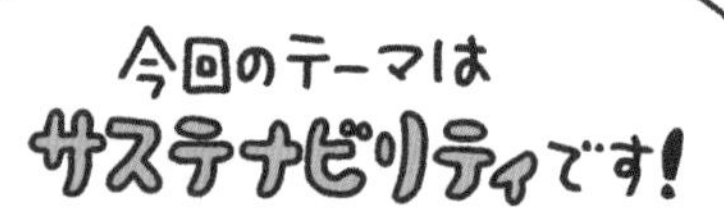

ブランドを通して
社会に貢献する

日本でも、大企業を中心に多くの事業者がSDGsへの取り組みを進めています。例えば、化粧品メーカーのコーセーが2020年にブランドを一新した際、その軸に据えたのが**サステナビリティ（持続可能性）**でした。同社では2009年からサンゴ礁や森林の保護プロジェクトも進めています。これらの取り組みに顧客の共感が生まれれば、企業ブランドにとって大きなプラスとなります。

ブランドの基本は「識別される」こと

多くの商品があふれる市場で、自社ブランドを識別してもらう

#ブランド #ブランドアイデンティティ

Point1

【ブランド】

言葉・シンボル・デザインなどによって、顧客から識別される製品やサービス。

ブランドで自社のビジネスを確立させる

「ブランド」は一般的によく聞く言葉ですが、「高級品」「高性能」など、商品の価値や価格が高いことがその特徴だと思っている人もいるかもしれません。

元々のブランドの概念はもっと広く、買い手から「これは他の商品とは違う」と認識（差別化）されていれば、その商品はブランド化

売り手側が買い手に認知してもらい、競合との差別化を図るためのカギにしたいと考える、商品の個性となるブランドの要素のこと。

しているといえます。

つまり、「安い」「コスパがいい」などもブランドが成立するための要素なのです。マーケター側がブランド価値の源泉として打ち出したいイメージのことを「ブランドアイデンティティ」といいます。

現代マーケティングでは、商品の「個性」を積極的につくり、根底にある自社の理念をメッセージにして発信していくことが重要です。

Point 1

ブランドの定義を再確認

商品を特別なものに仕立てる

ブランディングで商品のポテンシャルを十二分に発揮する

現代の市場はさまざまな商品であふれています。その中で売れる商品をつくるためには、顧客に商品の好ましい「ブランドイメージ」を強く認識してもらい、競合商品より優先して選んでもらえるような状況をつくらなければなりません。一度ブランドイメージを確立できれば、商品への注目や期待も高まりやすくなります。こうした取り組みを「ブランディング」といいます。

Point 2

ブランドアイデンティティを設定する

4つの側面から考える

製品として見たブランド
(使っている革が良い!)

人として見たブランド
(新進気鋭!)

組織として見たブランド
(老舗が作っている!)

シンボルとして見たブランド
(ロゴがかっこいい!)

戦略的にブランドをつくるための4つの視点

ブランド連想の核となるブランドアイデンティティで役立つ、「製品」「組織」「シンボル」「人」の4つの視点。買い手側から見たとき、どんなイメージが連想として想起されるのかを検討します。例えばブランドを「人」として見たとき、「明るい」人か「冷静沈着」な人かなど、どれを「人」としてのブランドのアイデンティティにするかを考えて構築していくのです。

Branding 3

ブランディングの要は統合的なコミュニケーション

統合されたコミュニケーションがブランドを強くする

#ブランドコミュニケーション　#コミュニケーションミックス

Point1

【コミュニケーションミックス】

顧客に対して、「広告」や「販売促進」、「イベント」などさまざまな方法を組み合わせてコミュケーションをとること。

コミュニケーションは多方面からを基本とすべし

ブランドをつくるためには、買い手とのコミュニケーションの工夫が必要です。その手段はさまざまですが、複数の手法を統合的に組み合わせて多角的にアプローチしていくことがポイントになります。これを「コミュニケーションミックス」といい、特にブランドの価値を伝えていくこ

Point2

【 ブランドコミュニケーション 】

コミュニケーションミックスによって
ブランドの価値を伝えていくこと。
その目的として、ブランド認知の向上や
購買促進などがあります。

とを「ブランドコミュニケーション」といいます。ブランドコミュニケーションでは、顧客との関係性や周囲の状況といったメッセージの文脈（＝コンテクスト）を意識して、コミュニケーションを組み立てていかなければなりません。強いイメージを抱かせるにはどのような情報の流れを設計すべきか、次ページで具体的に考えていきましょう。

Point 1

コミュニケーションミックスの要素

ただ伝えるだけでは意味がない!

マーケティングにおける
コミュニケーション方法 虎の巻

広告

新聞やウェブ、テレビなど広告主を明らかにして行われる宣伝活動。

販売促進

商品やサービスを試してもらったり、おまけをつけたりするなどして、購入を促す行動。

イベントと経験

顧客と直接触れ合うイベントを行ったり、体感できる内容で交流を行ったりすること。

パブリックリレーションズ

プレスリリースや社会貢献活動など、企業イメージを高めるための広報活動。

ダイレクト・マーケティング

顧客に直接コンタクトし、アプローチするコミュニケーション方法。

人的販売

商品の実演販売など、顧客と対面で行う販売を目的としたコミュニケーション。

情報や体験、宣伝などコミュニケーションの質を意識する

コミュニケーションミックスの要素は、主に上図のような6つの要素で整理できます。

例えば、車の販売を例に考えてみましょう。新聞やテレビでの広告は、潜在的な顧客へ自社のメッセージを伝えるのにうってつけですが、成約に至るには対面での交渉や、履歴をもとにしたダイレクト・マーケティングが有効でしょう。**誰に何を伝えるかで、効果も順番も変わるのです。**

Point 2

ブランドコミュニケーションの進め方

商品をどう見せていくべきか

顧客に伝える文脈を検討して高い効果を生み出す

適切なブランドコミュニケーションは、需要の発掘や、顧客の気づき、ファン化につながります。そこで意識したいのが、ブランドの文脈です。例えばインテルは、メディアの中で「パソコンで重要なのはCPU（マイクロプロセッサー）」「CPUといえばインテル」というブランディングを行いました。顧客が具体的にイメージしやすい流れでブランドイメージをつくります。

誰もがつながる社会のマーケティング

デジタル時代のマーケティングは情報が早く、幅広くつながる

#デジタルマーケティング　#ウェブマーケティング

パソコンやスマホから
世界の市場に
アクセス!

Point1

【デジタルマーケティング】

デジタルデータを利用して行われるマーケティングの総称。ウェブやメール、ソーシャルメディアなど、さまざまなメディア、ツールを含む。

リアルからウェブを通して広大なマーケットへ

スマートフォンが普及し、いつでもどこでも情報を得たり、ショッピングモールで商品を購入したりできる現代。マーケティングが行われる環境もデジタルやウェブを前提としたものに変化しています。これらの新しいマーケティングのあり方は、「デジタルマーケティング」や「ウェブ

Point2

【 ウェブマーケティング 】

デジタルマーケティングの中でも、
特にウェブサイトを中心にして
行われるマーケティング。
データからリアルタイムで効果を
把握できることが特徴。

マーケティング」と呼ばれ、対面でのビジネスを想定したマーケティングとは異なる点も多くあります。

その中でも特に意識しなければならないのは、情報がやり取りされる「スピード」と「広さ」です。投稿した情報が一瞬で世界中を駆け巡り、大量のデータが瞬時にフィードバックされる環境がデジタルマーケティングの特徴といえます。

Point 1

デジタルの領域は日々広がっている

デジタルツールの種類

ウェブ
企業・個人が運営するウェブサイトなど、多くの人が一般的に利用するツール。

メール
ビジネスの主な連絡手段であり、個別のターゲットに合わせた形でアプローチできる。

スマートフォン
近年ではタブレット PC も含む。常に携帯するものなので、SNS とも相性が良い。

ソーシャルメディア
ユーザー同士のコミュニケーションの場。口コミなどを通じた情報の拡散が狙える。

デジタルサイネージ
オフィスや駅などに設置されるディスプレイ。掲載内容をすぐに変更できることが強み。

POS
商品の販売状況を記録するシステム。売れ行きなどをリアルタイムに管理できる。

ツールが増えればマーケティングも必要になる

デジタルツールを使用したマーケティングといえばウェブマーケティングが一般的でしたが、**現在はスマートフォンやソーシャルメディア、デジタルサイネージなど多彩なツールや手法が活用できます。**スマートフォン向けのアプリゲームでは、駅などに設置したデジタルサイネージの広告からソーシャルメディアへ情報を展開し話題づくりが行われることも多いです。

Point 2

ウェブマーケティングの流れ

集客・導線・リピートがカギ

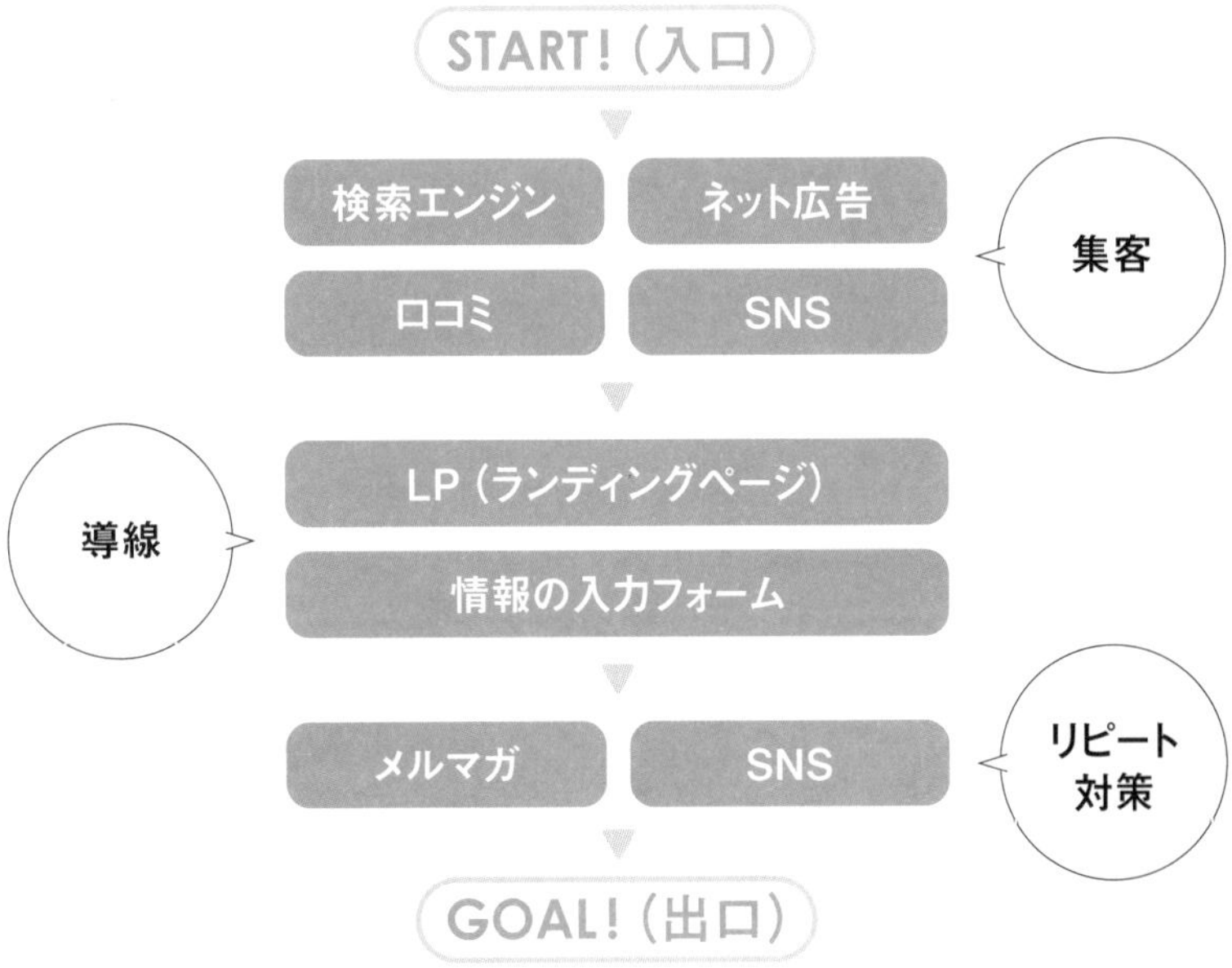

START!（入口）

▼

集客：
- 検索エンジン
- ネット広告
- 口コミ
- SNS

▼

導線：
- LP（ランディングページ）
- 情報の入力フォーム

▼

リピート対策：
- メルマガ
- SNS

▼

GOAL!（出口）

3つの要素からウェブの特徴をおさらいする

ウェブマーケティングは、インターネット上でのモノやサービスの購入を促すためのもの。**そこでは検索エンジンや広告からの「集客」、ページ内の「導線」、購入後の「リピート対策」がポイントになります。**例えば、ウェブ上で洋服などを購入してもらった際に、購入履歴から商品を推奨したり、メルマガを配信したりして、リピーター化を目指すのが基本です。

Digital 5

従来のマーケティングと徹底比較

4P／4C の観点からリアルとデジタルの違いを考える

#EC販売

Point

【 EC販売 】

製品やサービスをウェブサイト上の店舗で販売すること。
EC（Electronic Commerce）は「電子商取引」と訳されます。
世界中から市場に参入可能。

リアルとEC顧客にとってのベネフィットとは

実店舗での販売ではなく、インターネット上に独自に開設したサイトや大手ECモールで自社の商品を販売することを、「EC販売」といいます。ECのメリットはさまざまありますが、中でも気軽に世界中の市場に向けたビジネスができる点は大きいといえます。これは「越境EC」と呼

ばれ、国内に限らず新たな販路を開拓するために重要な戦略になっています。また、ＥＣ販売では、物理的に店舗を構える必要がなく、チャネルやロケーションの制約を受けません。顧客目線でいえば、実際に店舗に足を運ばなくても、ネット上で購入から決済、受取までができるため、商品を購入するための労力がリアルの店舗より少なくて済みます。

Point

EC販売における4つの要素

デジタルマーケティングの世界における
4P ／4C について、 その特徴を見ていきましょう。

ウェブでは商品の売れ方が異なる

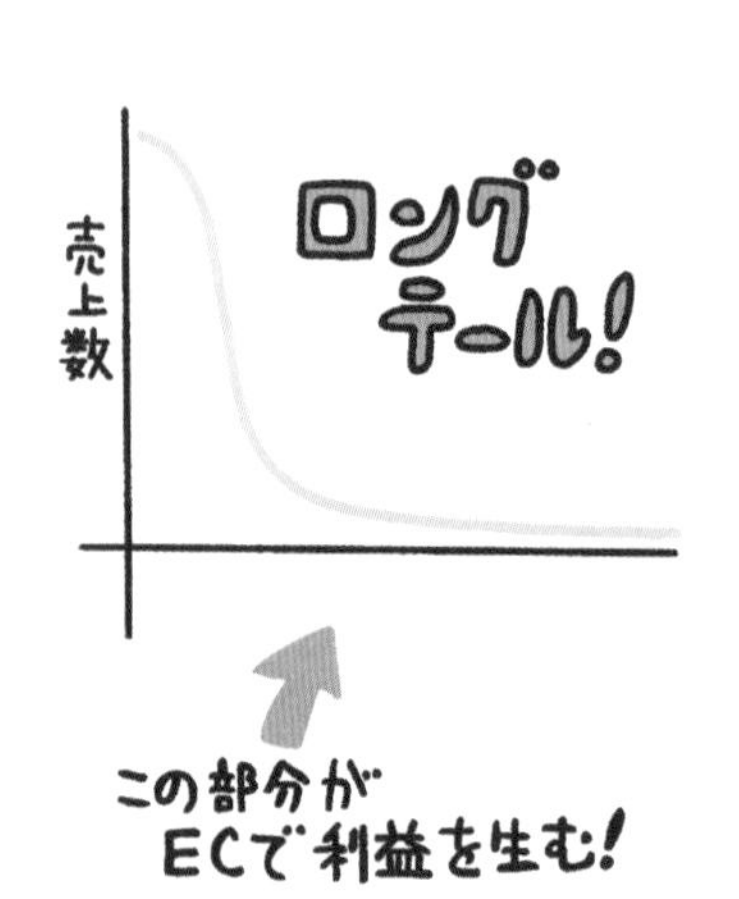

ECサイトでは「商品棚」の制約がないため、売れ筋の商品だけではなく、少数の顧客しか必要としない商品群も取りこぼしなく販売可能。商品一つひとつの売り上げは大きくなくても、品数を多く取り扱えば大きな商品群となり、全体としては大きな売り上げが見込めます。これを「ロングテール」といい、EC販売のメリットの一つになっています。

デジタルで商品の魅力を伝える方法

リアル
いらっしゃい!
なんかおいしそう!
だんご
EC
どこがいいかわからない…

自社サイトでEC販売を行う場合、まずはサイトに辿り着いてもらうことが何より重要です。ウェブやメールでの広告はもちろん、検索エンジンでのキーワード表示やインフルエンサーの協力など、さまざまな手段を通して自社サイトへ注目を集めなければなりません。

P168 ソーシャルメディアマーケティング

世界中の買い手に商品を売り込める

実際に店舗がないEC販売では、場所や時間に縛られず、自由に商品を販売することが可能です。これにより、海外をはじめとするこれまでアプローチができなかった市場に積極的に進出することができるようになりました。近年では、こうしたECならではの強みと、リアルならではの「体験」という強みを融合させた企業も増えてきています。

P35 オムニ・チャネル

サブスクリプションが新たな価値観に

EC販売の中でも、特にデジタルサービスの分野では、一定の金額を支払うことで最新のサービスが使い放題になる「サブスクリプション」や、基本無料で一部が有料サービスとなる「フリーミアム」などの価格設定が行われています。これらは、膨大なデジタルコンテンツを活用し、サービスのファンになってもらうためのモデルです。

● サブスクリプション
一定の料金で、商品を自由に利用できるサービス。

最先端のマーケティング

Digital 6

PDCAを深化させるデジタルマーケティング

タイムリーかつ大量のデータを自社のビジネスに生かしていく

#コンバージョン

CHECK

目指すべきゴールが変われば走り方も変化する

デジタルマーケティングでは、ほとんどの事業プロセスがデジタルツールを用いて行われます。そのため、事業に関わる大量のデータを、リアルタイムで確認することができます。つまり、これまで長い時間をかけていた仮説・実行・検証のサイクルを、ごく短時間で行えるようになった

Keyword

【 コンバージョン 】

ウェブサイトが目標とする成果のこと。何を「成果」とするかによりデータの見方が変わるため、まずは目標設定が重要です。

のです。

そこでより重要になったのが、サイトの「コンバージョン」、つまり成功をどう定義するかです。無数にあるデータを、どのような目的で分析するかを明確にしなければ、せっかくのデータも有効活用できません。自社のパーパス(存在意義)やサイトの目的を確認し、そのために何をどのように活用すべきかを考えていきましょう。

Point

膨大な情報に負けない「目的」を

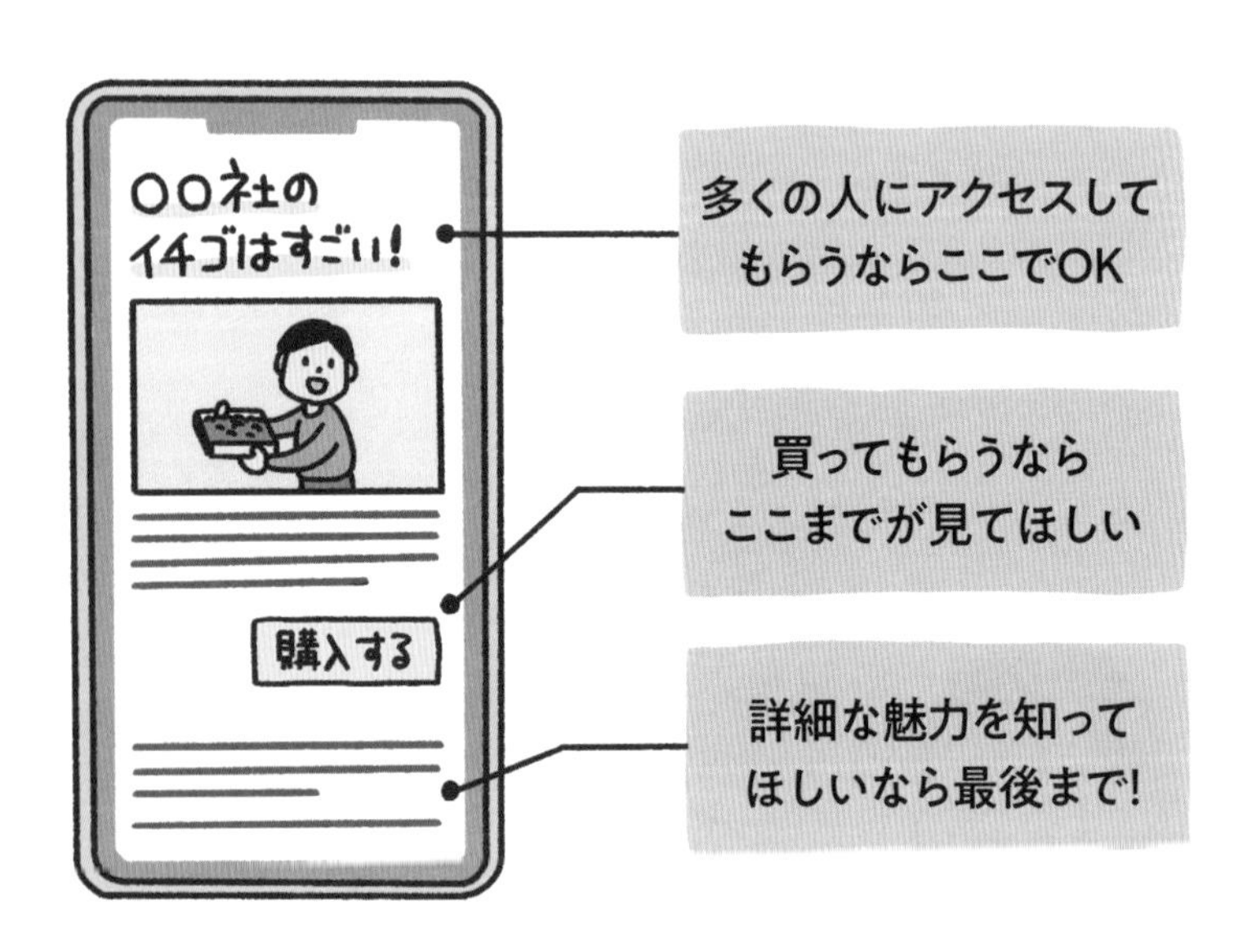

達成したい成果がコンバージョンになる

ウェブサイトが成功するには、まずは多くの人に見てもらわなければなりません。そのためにもセッション（アクセス数）やPV（ページ・ビュー数）は重要です。しかし、サイトの目的は単に「見てもらう」だけではなく、商品の購入や資料の取り寄せなど、さまざまなはずです。マーケティング全体の中で何が成果としてふさわしいかを考え、コンバージョンを設定します。

急上昇ワードでアクセス数を増やす

サイトへのアクセス数をコンバージョンとする場合、その方法として検索エンジンで上位表示させるSEO対策が一般的でした。近年では、SNSなどをきっかけにあるワードなどが検索で急上昇し、「バズる」ことが多くなっています。これらのワードを積極的に取り入れて発信することで、注目を集めることができます。

バズ・マーケティング

口コミを意図的に発生させたり活性化させたりして戦略的に活用し、商品などを市場に広めていく手法。

ビッグデータは宝の山

ビッグデータの例

- カスタマーデータ
- ウェブサイトデータ
- センサーデータ
- ソーシャルメディアデータ

「ビッグデータ」とは、文字通りデジタルツール上に蓄積される膨大なデータのことです。ウェブサイト上の閲覧・購買データやソーシャルメディア上のコミュニケーション履歴、企業のデータベースに蓄積されるアンケートデータなど、世の中には大量かつ多様なデータが存在します。これまではデータを収集した事業の分析が主な用途でしたが、AIの技術を組み合わせることで、顧客のニーズを先回りする「予測」も可能になるといわれています。

7

ブランドの発信にデジタルを活用する

ブランディングを強化する効果的なテクニックとは

#キャラクターマーケティング #SNS

Point1

【キャラクターマーケティング】

キャラクターやコンテンツの
魅力を活用して行うマーケティング手法。
主に自社ブランドのプロモーションの
強化に用いられます。

消費者にメッセージを届ける方法は無数に存在する!

これまで、自社のブランドづくりはテレビや新聞をはじめとするマスメディアやイベントなどを中心に行われてきました。しかし、インターネット社会が成熟し、情報のやりとりが複雑化する中、ブランディングの手法も多様化しています。

以前からコンテンツ（キャラクター）をプ

Point2

【 SNS 】

利用者同士で情報発信を行う
ソーシャルメディアのこと。
口コミによる波及効果や消費者
間の盛り上がりが期待できます。

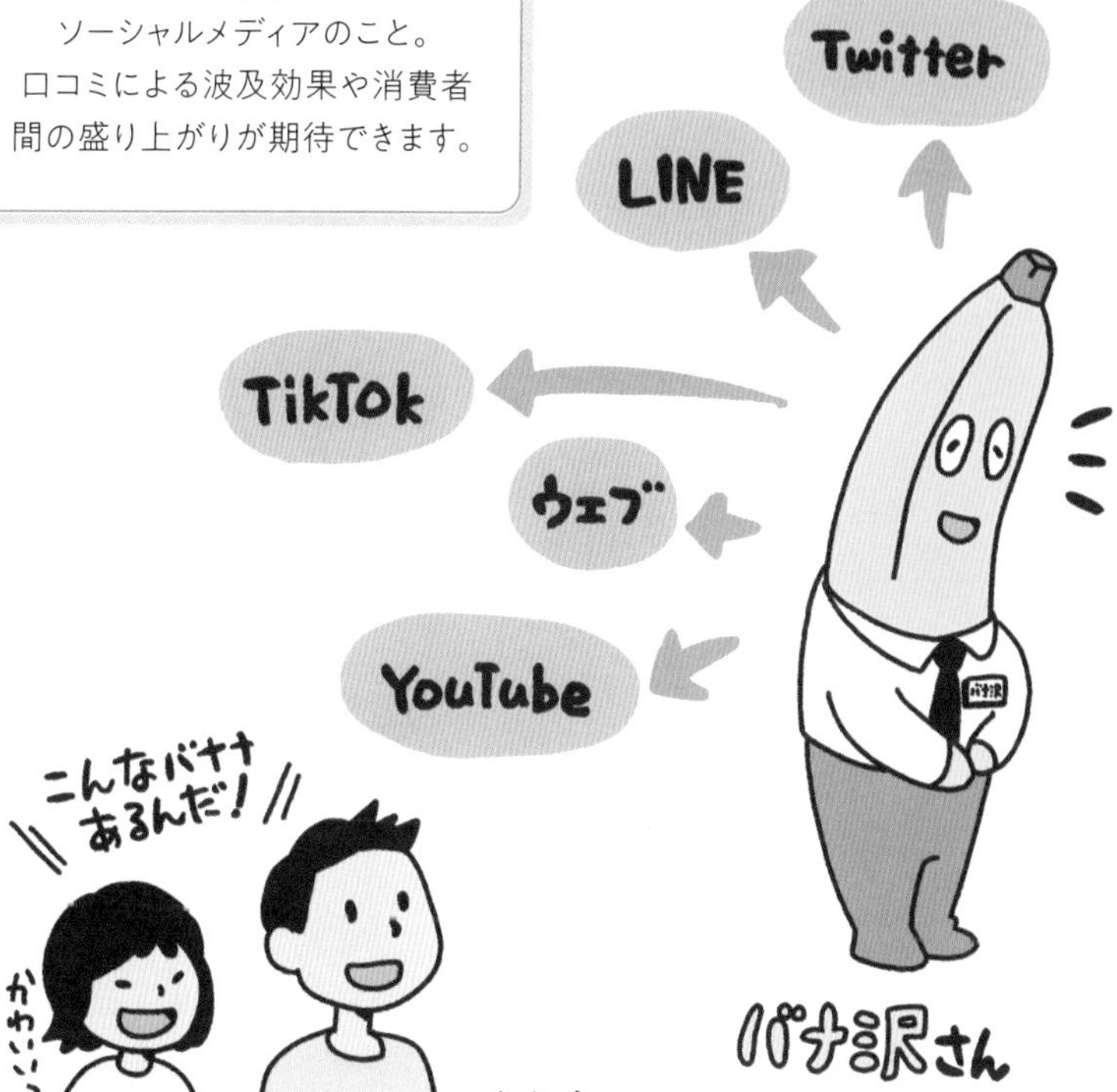

ロモーションと結びつける手法は一般的でしたが、日本では、特に「ゆるキャラ」という形で、全国の自治体や一般企業でも普及しています。また、TwitterやTikTokなどSNSでの情報発信やストーリーづくりもはや現代マーケティングには必須といえます。こうした要素を組み合わせて、自社のマーケティングに取り入れていきましょう。

Point 1

キャラクターを通して商品に愛着を

設定は商品の魅力とリンクさせる

伝わりづらい情報もキャラクターの力で受け取りやすくなる

キャラクターマーケティングのポイントは、親しみやすいキャラクターの魅力を介して情報を広く拡散し、商品に愛着を持ってもらうこと。例えば、お菓子の「チョコボール」のキャラクターであるキョロちゃんのように、パッケージや関連グッズにキャラクターを積極的に活用し、商品のイメージとのつながりが強化され、商品への親しみを生むことができます。

Point 2

SNSの力でキャラクターの魅力を拡散

ストーリーづくりがポイント

キャラクターを通したSNS発信で情報の拡散を強化

SNSを利用した情報発信はすでに多くの企業が取り入れているものですが、大勢のユーザーに拡散され、バズる情報を発信するには、「フック」が必要です。キャラクターを利用した発信は、その突破口の一つ。キャラクターを前面に立てて、ストーリー性のある発信を続けることで愛着を持ってくれるユーザーも出てきます。それが商品のブランドにつながるのです。

最先端のマーケティング

8

情報拡散のメリットとリスクとは

デジタルが持つ発信力は、マーケティング成功のカギになりえる

#SMM #バイラル・マーケティング

Point1

【 SMM 】

ソーシャルメディアマーケティングの略。
SNSやブログなどを使って
行われるマーケティングで、
近年その重要度が高まっています。

情報の拡散を推進させてマーケティングの力に

TwitterやTikTokをはじめとするSNSは、すでに私たちの生活の一部になっており、企業の公式アカウントによる情報発信も日常的に行われています。

こうしたソーシャルメディアを中心に行われるのが「SMM」です。また、そうした情報の拡散を活用して、

Point2

【 バイラル・マーケティング 】

口コミを活用して戦略的に情報を広く拡散をさせていくマーケティング手法。成功すれば一気に商品などの知名度を高めることができます。

短い時間で一気に自社のブランドを認知させることを「バイラル・マーケティング」といいます。

特に、SNSには多数のインフルエンサーが存在しており、その影響力を借りることはもはや現代のデジタルマーケティングの定石ともいえます。多様化するアプローチを学び、顧客のもとに自社ブランドの魅力を伝えていきましょう。

Point 1

SNSはどう使い分ける?

SMMで使えるツールには実はこんなに特徴がある!

Twitter

日常の様子や思いついたことを短いテキストで発信。使いやすいが炎上のリスクも。

LINE

知人間のプライベートなコミュニケーションが中心。顧客に密なアプローチが可能。

Instagram

ファッションや風景、グルメを中心に、写真やショート動画の投稿を行うSNS。

YouTube

動画配信サイトの最大手であり、ジャンル問わず、長短さまざまあな動画がある。

TikTok

レコメンド機能に優れており、若者中心に流行中。コンテンツのバズりも起きやすい。

Facebook

知人や所属するコミュニティ内での情報共有・コミュニケーションが行われる。

ブランディングに合わせてSNSを使い分ける

現在ユーザーの多いSNSには、「Twitter」「LINE」「Instagram」「YouTube」「Tiktok」などがあります。それぞれのユーザーには特徴があり、**同じコンテンツを投稿しても受け取られ方には少なからぬ差異が生じます**。伝えたいメッセージは同じでも、メディアごとに内容を切り分けたり、目線を変えたりすることが必要です。

Point 2

情報の広がり方は想像以上！

バイラル・マーケティングは炎上のリスクも意識する必要あり

消費者の信頼を失うマーケティングは将来的な痛手に

デジタル化が進んだ現在、企業にとって「本音」と「建前」を使い分けづらい社会になりました。例えばユニリーバは、複数のヘルスケア商品ブランドを所有していますが、その中のダヴとアックスが発信する女性観に矛盾があると炎上したことがあります。企業の一貫性を問われたのです。結果、ユニリーバは「ステレオタイプを排除する」というメッセージを発信しました。

Marketing...

強烈なインパクトで日本中をマッチョだらけに!?

#ベネフィット #動画マーケティング #口コミ

やせる前の姿とやせた後の姿、両方を動画を通して強烈に印象づけることで、顧客が得られるベネフィットをアピール。

Point 1

ビフォーアフターでベネフィットを明確化

ライザップブランドの核は「結果にコミットすること」。動画広告でベネフィットをわかりやすく表現しました。

Point 2

口コミやレビューが信頼性を担保

差別化ポイントを認知させ、ブランドを確立させるためにはメッセージの信憑性が不可欠です。SNSや動画投稿サイトはそのための有効な手段です。

印象づけたベネフィットに対して、口コミやレビューを見ることで、「本当にやせられるんだ」という思いが顧客の中に芽生えた。

Point 1

ビフォーアフターでベネフィットを明確化

パーソナルトレーニングジムとして多くの会員を誇るライザップ。差別化のポイントとしたのは、「確実にやせられる」ことでした。それを明確に表現したのが有名なあのCMです。顧客が得られるベネフィットを印象的に提示することで、競合の多い市場の中で差別化されたポジショニングの確立に成功しました。

差別化ポイントを伝えるには印象的なアピールも必要

記憶に残るシンボルがブランドになる

ブランドアイデンティティを考える上で「シンボル」は重要です。ロゴやテーマソング、またはタレントの起用など手法はさまざまですが、「あのCMといえば○○」と記憶に結びつけることで、顧客の持つブランドのイメージはより強固なものになります。それが顧客にとって大切なベネフィットやニーズに直結していれば、なお効果は高まります。

Point 2

口コミやレビューが信頼性を担保

広告を通して印象付けたブランドも、信憑性がなければ購買には結びつきません。これまではマスメディアや企業からの発信がその役割を担ってきましたが、SNSや動画投稿サイトなど、ユーザー発信のメディアが増えたいま、口コミやレビューの影響力は増しており、ブランディングの重要な要素となっています。

ブランドから導かれる プロモーション戦略

「結果にコミット」とすべて連動する

「確実にやせられること」をブランドの中核に据えた場合、ライザップの4Pは上記のように整理できます。その中で、プロモーションを自社（オウンド）メディアや広告（ペイドメディア）だけでなく、オンライン上に口コミを掲載したアーンドメディアも活用してサービスへの信頼感を高めたことで、高価な価格設定との整合性を取っています。

Marketing...

Case Study

コンテンツ連動×SNSの力で一大観光地に

#コンテンツツーリズム
#聖地ビジネス

Point 1

イメージの重なりがブランドの真髄

外部コンテンツと地域ブランドを結びつけ、観光客を呼び込むコンテンツツーリズム。アニメや漫画、映画からの連想が地域ブランドの価値を向上させます。

Point 2

聖地ビジネスで増えた観光客を維持する

「聖地」になると、観光客は一時的に増加します。それを契機として地域ブランドを確立していくためには、聖地としての魅力と観光地としての魅力の融合が必要です。

Point 1

イメージの重なりがブランドの真髄

ブランディングの基本は「連想」を広げ、深めていくこと。アニメや漫画のストーリーと現実の観光地の魅力が重なる「コンテンツツーリズム」は、地域のブランディングの効果的な手法の一つです。ファンにとって「聖地」であることが特別な意味を持つため、**元々持っていた魅力が増幅されることが期待できます**。

聖地化した観光地① 鷲宮神社

関東最古の神社として地元に愛されてきた埼玉県の鷲宮神社。2007年にとあるアニメの一シーンに登場したことで、作品のファンが一気に訪れるようになり、グッズなどが販売されるようになりました。近年の聖地ビジネスの先駆けといわれています。

聖地化した観光地② 大洗町

茨城県の港町である大洗町は、2012年にアニメの舞台となり、聖地として認知されるようになりました。大洗町では町全体で作品とのコラボが行われ、ファンが楽しめるような仕掛けが施されました。10年が経った今でも、多くのファンが訪れる人気観光地です。

Point 2

聖地ビジネスで増えた観光客を維持する

観光地の聖地化で、一時的に多くのファンが流入します。そこで地域ブランドを確立するために意識しなければならないのが、いかにして地域の魅力を伝えていくかです。キャラクターグッズなどのコラボ商品は大きな魅力になりますが、一方で元々の地域の魅力を伝えていくことが持続的なブランド化につながります。

観光地の活性化に必要なのは新旧の魅力の融合

よく見たら
とてもいいところ!
SNSで拡散!!

聖地ビジネスの爆発力を利用する

「聖地ビジネス」の特徴は、SNSなどを通じて多くのファンが一気に盛り上がること。観光客の爆発的な増加は、観光地や地域のビジネスにとって活性化の起爆剤になりえます。現地を訪れたファンに地元ならではの魅力や体験を伝えられれば、作品の魅力を超えて地域そのもののファンになってもらい、地域ブランドとして確立していくことができます。

Column

5

もう実現しているものも？究極のマーケティングとは

●いま注目されているマーケティング手法

＼ 自動化と最適化が進む ／

AIマーケティング

AI（人工知能）の学習機能やデータ処理の効率化の力を活用して行われるマーケティング。AIの研究は急速なスピードで進んでおり、これまでは実現が難しかった買い手一人ひとりに合わせたサービスのカスタマイズや行動予測、チャットボット（自動的に会話をおこなうプログラム）による接客など、ビジネスを新しい段階へ進化させている。

＼ 顧客を自然に呼び込む ／

インバウンドマーケティング

見込み顧客側の自発的な行動から彼らと自然に出会い、その購買意欲を高めていくマーケティング手法。これまでの広告やDMによる働きかけ（アウトバウンドマーケティング）とは異なり、魅力的なコンテンツを配信することで顧客を惹きつけ、商品との接点を設計する。企業のデジタル化の推進や、コロナ禍を経た顧客行動の変化がその背景にある。

近年、最先端のイノベーションとして注目されている分野に「AI」の活用があります。デジタル化によって生活に関するデータが集まり、それをもとにAIが自動で買い手のほしいものを判断することができれば、それはまさに「究極のマーケティング」といえるでしょう。ここでは、注目すべきキーワードとともに、近い未来に実現するマーケティングの新しい姿について考えます。

●マーケティングに関わるテクノロジー

履歴からおすすめを予測

レコメンド機能

サービスを通して収集した利用者の履歴や属性、傾向などのデータをもとに、買い手一人ひとりに対して最適な商品や情報を提示する機能。SNSでは、中国のTikTokがその機能を使った代表例。買い手が自分からほしいものを探したり、何がほしいのかを考えたりしなくても、ニーズとのマッチングが行われることが強みといえる。

会話も自動化される?

Chat GPT

アメリカのOpenAIが開発し、2022年末に公開されたチャットボット。人間が入力した話題や質問に対して、自然な流れでの対話が可能になっている。顧客対応やテクニカルサポートなどはもちろん、テキスト生成が必要な幅広い分野での活用・自動化が期待されており、対話型AIによる新たなビジネスの開拓も始まっている。

このシステムが完成すれば、最終的には料理や食事、運動、睡眠など自宅内のすべての活動をAIがサポートしてくれるようになり、住人は自発的に動く必要がなくなります。家という空間のニーズが、AIによってデータと共に管理されるようになれば、それはまさに「究極のマーケティング」の具体化といえます。でもちょっと怖いですね……。

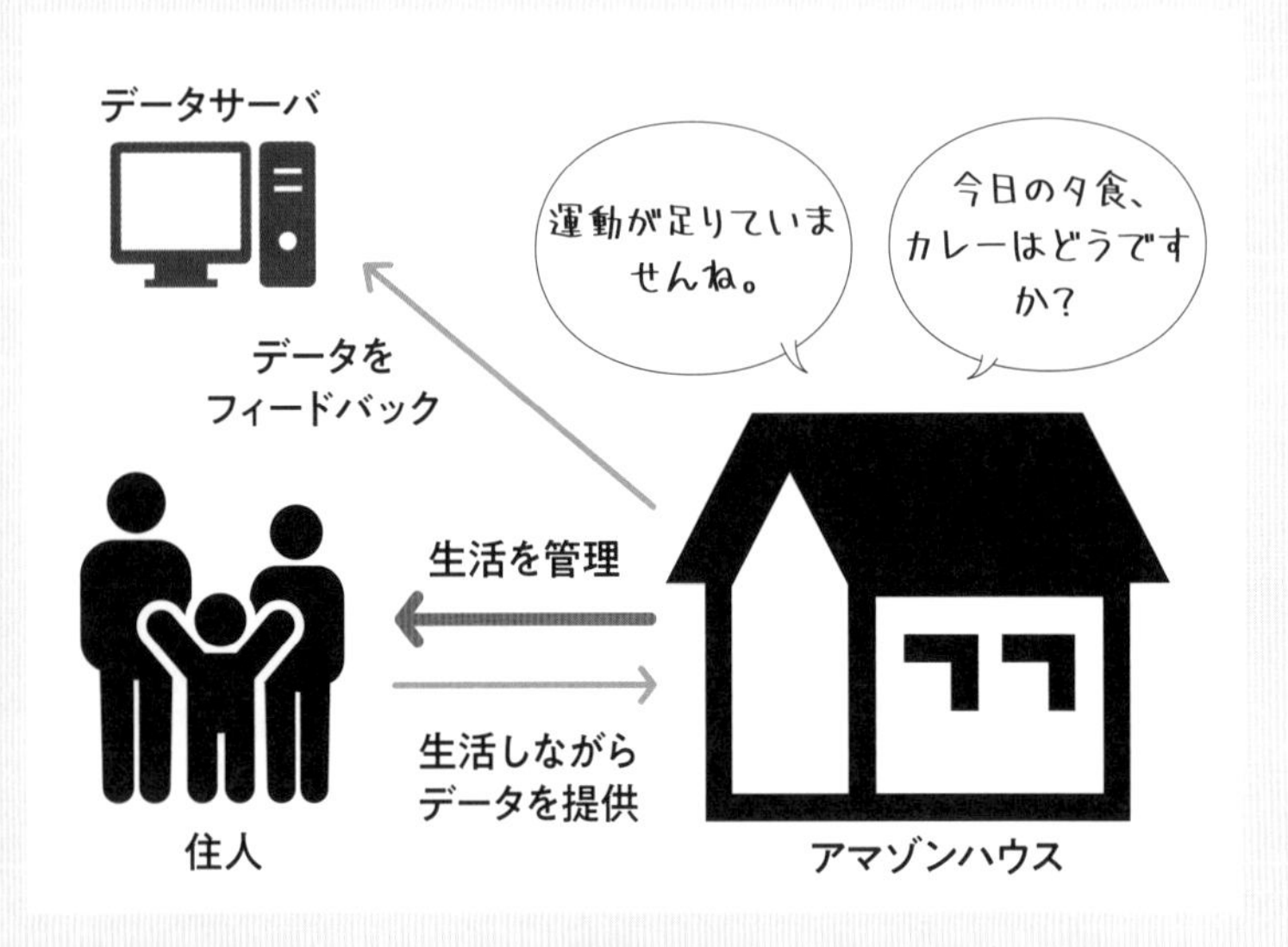

全てが自動化される家

アマゾンハウス

大手ECモールを運営するアマゾンドットコムは、現在住宅内の家電や設備をすべて音声AIで操作・サポートするスマートハウスの開発を進めています。アマゾンは元々、アレクサを搭載した「Amazon echo」などのスマートスピーカーを販売しており、すでに家電などの操作は音声のみで行うことが可能になっています。EC販売における巨大なプラットフォームを持つアマゾンが、生活のプラットフォーマーとして市場での強みを持つ日も遠くないかもしれません。

阿久津先生の一口メモ

マーケティングはヒトのコミュニケーションの中で価値を創造し提供していくものである以上、ニューロマーケティングは端から排除すべきものではないでしょう。しかし、デジタル化されたビッグデータの活用やAIによる自動化が進む中、ルールの再検討や適切なルールの設定が求められているのが現状です。

現代マーケティングに求められる倫理観の例

透明性	自社にとって有利な情報だけでなく あらゆる関連情報を顧客へ提供する。
環境への配慮	社会全体のサステナビリティ （持続可能性）に貢献する。
プライバシーの保護	顧客の個人情報や入手したデータを 適切に管理・保護する。
誇大な表現の禁止	顧客への広告やプロモーションにおいて 誤解を招く表現をしない。

今こそ立ち返るべき

マーケティング倫理とは

脳神経科学の知見をもとに、人間の行動を明らかにするマーケティング手法を「ニューロマーケティング」といいます。例えば、実験参加者に同じワインを飲ませた際に「高い」もしくは「安い」とそれぞれ伝えた場合、反応する脳の部位が異なったという実験結果があります。コカ・コーラとペプシコーラの実験でも、前者は「記憶（思い出）」の活性化、後者は甘さ・爽やかさによる気分転換と、活性化する脳の部位から価値が異なることが示唆されたといいます。こうした知見から買い手を「だます」こともできるため、適切なWinWinの関係づくりには、マーケターの高い倫理観がこれまで以上に重要になります。

おわりに

epilogue

変わる世界の中で、マーケティング精神はより大切に

現代マーケティングの精神・指針は、「関わる人すべてが得をする交換を成り立たせる」とシンプルに表現することができます。これを忘れずに進めば道を踏み外すことはなくなりますが、多くの場合、それを達成するのは容易なことではありません。まず足元のところで、自分たちは何をしたくて、何が提供できるのか。自分たちの顧客は誰で、彼らは何を望んでいるのか。顧客の選択肢である競合他社はどこで、彼らは何を提供しているのか。顧客に選んでもらい、交換を成立させて利益を得るためにはどうすればよいのか、といったことから明らかにしていく必要があります。

そのために本書では、まず第1章でマーケティングの基本的な概念と考え方について紹介しました。ここで学んだ3C、4P／4Cの概念・考え方を使って考えてみただけでも、何も知らなかったときに比べて色々なことが整理でき、多くのヒントが見えてきたという方もいらっしゃるのではないでしょうか。ただ、そういった方の多くは改めてマーケティングを学んだことがなかっただけで、商売・営業の経験は豊富だったりしま

す。そこで第2章では、そうした経験が少ない方を念頭に、４Ｐ／４Ｃを中心に定番化されたマーケティングの実践プロセスについて、コンビニを例に紹介・解説しました。一通りマーケティングの実践プロセスを回せるようになっても、マーケティングの新しい課題は尽きることがありません。そんな課題解決のヒントは、さまざまな業界の優れた事例から広く得ることができます。そこで、続く3章では優れたマーケティングの事例をいくつか厳選して紹介しました。業界を超えて応用可能なエッセンスの詰まった事例ばかりなので、ぜひ参考にしてください。そして最後の4章では、冒頭で述べた「関わる人」が広がって多様化・複雑化した最新の市場トレンドを踏まえたマーケティング課題に対応できるように、ブランディングとデジタルについて事例も紹介しながら少し踏み込んで解説しました。結果として本文の内容はかなり中身の濃いものとなりましたが、コラムではコーヒータイムの息抜きとして、知っているとマーケティングの「通」と思われる（かも知れない）雑学をご紹介しました。

　読者の皆さんが「関わる人すべてが得をする交換を成り立たせる」ために、本書が少しでもお役に立つことができたとすればこの上ない幸せです。

阿久津　聡

用語集

本書に登場する
用語について、
意味を理解しておきましょう。
該当ページの解説では、
より詳しく紹介しています。

あ行

ウェブマーケティング ……… 153ページ

デジタルマーケティングの中でも、特にウェブサイトを中心にして行われるマーケティング。データからリアルタイムで効果を把握できることが特徴

ウォンツ ……………… 82ページ

買い手のニーズがより具体化されたもの。例えば、「おなかが空いた」がニーズ。「弁当が食べたい」はウォンツ

オムニ・チャネル ……… 35ページ

ネットとリアルで同じように、かつ補完的に商品を購入できるように設計されたチャネル

か行

カスタマージャーニーマップ ……… 72ページ

買い手の購買プロセスと、それに対する自社のアプローチ方法を旅に例えて図としてまとめたもの

仮説思考 ……………… 90ページ

仮説を設定し、それをデータで裏付け・検証し、その結果から再度仮説を設定して調査をしていくこと

キャラクターマーケティング ……… 164ページ

キャラクターやコンテンツの魅力を活用して行うマーケティング手法。主に自社ブランドのプロモーションの強化に用いられる

クラスター分析 ……… 64ページ

似た性質を持つものをグループ化して抽出する分析手法

クロス分析 ……64ページ
2つの属性を縦横に交差させて行う分析手法

クロスSWOT分析 ……53ページ
SWOT分析で導き出した内部要因と外部要因を組み合わせて、自社の取るべき戦略を多面的に把握するためのもの

コミュニケーションミックス ……148ページ
顧客に対して、「広告」や「販売促進」、「イベント」などさまざまな方法を組み合わせてコミュニケーションをとること

コンテンツツーリズム ……176ページ
アニメや漫画、映画などのコンテンツのイメージを重ねることで行われる観光

コンバージョン ……161ページ
ウェブサイトが目標とする成果のこと

さ行

サブスクリプション ……159ページ
一定の料金で、商品を自由に利用できるサービス

差別化戦略 ……106ページ
製品やサービス、イメージなどで他社との差別化を図り、競争優位を実現する戦略

市場 ……19ページ
「買い手がいる抽象的な空間」のこと。潜在的な買い手も含まれる

シーズ ……82ページ
売り手目線で提供・アピールしたい価値

シンボル ……147ページ
ある製品やサービスを象徴するイメージ

製品ライフサイクル ……… 116ページ

製品の一生を売上と利益の推移から表現したもの。導入期・成長期・成熟期・衰退期の4つのフェイズがある

た行

チャネル ………………… 31ページ

何かが流れる経路のこと。流通チャネル、販売チャネル、コミュニケーションチャネルなどの種類がある

定性調査 ………………… 65ページ

数値化できない言葉や考えに関するデータを収集すること。買い手へのインタビューなどが含まれる

定量調査 ………………… 64ページ

明確に数値化できるデータを収集し、分析すること。アンケートなどが含まれる

デジタルマーケティング …… 152ページ

デジタルデータを利用して行われるマーケティングの総称。ウェブやメール、ソーシャルメディアなど、さまざまなメディア、ツールを含む

な行

ニーズ ………………… 82ページ

買い手が必要と感じている欲求。例えば、「おなかが空いた」「水が飲みたい」など

は行

バイラル・マーケティング … 169ページ

口コミをはじめとする情報の拡散をもとに行われるマーケティング

バズ・マーケティング ……… 163ページ

多くの人があるトピックを取り上げることで、大きな話題になること

ビッグデータ ……………… 163ページ

デジタルツール上に蓄積される膨大なデータのこと

ファイブフォース分析……109ページ
自社が確立したポジションを脅かすものとして、5つの要素をあげたもの

ブランド……144ページ
言葉・シンボル・デザインなどによって、顧客から識別される製品やサービス

ブランドアイデンティティ……145ページ
売り手側が買い手に認知してもらい、競合との差別化を図るためのカギにしたいと考える、商品の個性となるブランドの要素

ブランドコミュニケーション……149ページ
コミュニケーションミックスによってブランドの価値を伝えていくこと

ブルーオーシャン戦略……129ページ
競合のいない新たな市場の開拓を目指す戦略

ベネフィット……23ページ
製品やサービスを通じて提供される価値の本質

ペルソナ……59ページ
年齢や出身地、職業などから想定される顧客のモデル像

ま行

マーケティングプロセス……44ページ
マーケティングが行われるプロセス全体を示したもの

マズローの法則……84ページ
買い手が商品を購入する際の動機を5つの階層によって分析したもの

ら行

ランチェスター戦略……124ページ
強大な競合に立ち向かうための戦略。「一騎討ち」「局地戦」「接近戦」などがある

レッドオーシャン……128ページ
競合が多く、競争が激しい市場

ロジスティクス……113ページ
製品やサービスを提供するための物流

ロングテール……158ページ
少数ながら確実に売れる商品を在庫し、全体として巨大な利益とすること

英字

AIマーケティング……180ページ
AI（人工知能）を活用して行われるマーケティング

AIDMAの法則……70ページ
人間の購買行動に至るまでの流れをパターン化したもの

AISASの法則……70ページ
AIDMAの法則をウェブでの購入向けにアレンジしたもの

EC販売……156ページ
製品やサービスをウェブサイト上の店舗で販売すること

ESG経営……139ページ
環境・社会・ガバナンスの3つの要素を重視する経営方針

KGI……88ページ
最終目標達成指標。自社の事業の最終的な目標値

KPI……88ページ
KGIを達成するための中間目標値

SDGs……138ページ
環境問題や社会問題を解決し、2030年までに「持続可能な社会」を実現するために設定された17の開発目標

SMM……168ページ
ソーシャルメディアマーケティングの略。SNSやブログなどを使って行われるマーケティング

SNS ……165ページ

利用者同士で情報発信を行うソーシャルメディアのこと

STP ……60ページ

市場を細分化し、その中からどの小市場をターゲットにするか、そして競合に対してどのようなポジションをとるかを明確にしていくこと

SWOT分析 ……50ページ

自社の状況を内部の「強み」「弱み」と外部の「機会」「脅威」の4つの観点から分析していくフレームワーク

数字

3C分析 ……21ページ

自社、顧客、競合という市場を構成する3つの「C」から、事業成功のための戦略を分析する手法

4C分析 ……33ページ

買い手目線から、商品の販売に必要な頭文字がCの4つのマーケティング要素（価値、費用、利便性、コミュニケーション）を組み合わせた手法

4P分析 ……29ページ

自社から顧客に効果的にアプローチするために、4つのP（製品、宣伝、流通、価格）をマーケティング活動の構成要素としてその最適なミックスを分析する手法

監修　阿久津聡（あくつ・さとし）

一橋大学大学院経営管理研究科教授。

一橋大学商学部卒。同大学大学院商学研究科修士課程修了(商学修士)。フルブライト奨学生としてカリフォルニア大学バークレー校ハース経営大学院に留学し、経営工学修士と経営学博士を取得。 一橋大学商学部専任講師、一橋大学大学院国際企業戦略研究科准教授などを経て、現職。日本マーケティング学会副会長。

社外取締役や外部アドバイザー、研修講師として、これまでに多くの企業のマーケティングやブランディングを支援。現在、企業ブランドが象徴する経営理念によって従業員を動機づけ、健康増進までを目指す経営のあり方について研究している。

サクッとわかる ビジネス教養　マーケティング

2023年 3 月25日　初版発行
2024年10月 5 日　第 5 刷発行

監修者　阿久津　聡
発行者　富永靖弘
印刷所　公和印刷株式会社

発行所　東京都台東区台東２丁目24　株式会社 新星出版社
〒110－0016　☎03(3831)0743

ISBN978-4-405-12021-1